„AND INTO THE FOREST
I GO, TO LOSE MY MIND
AND FIND MY SOUL."

JOHN MUIR

epipa

EINFACH NACHHALTIG STRICKEN

KLEIDUNG, NÜTZLICHES UND SCHÖNES
UMWELTFREUNDLICHE PROJEKTE UND PRAKTISCHE TIPPS

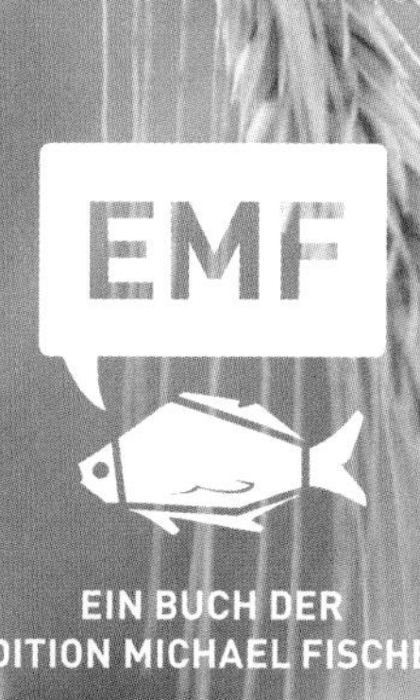

EIN BUCH DER
EDITION MICHAEL FISCHER

INHALT

„Was wir heute tun, entscheidet darüber, wie die Welt morgen aussieht."

Marie von Ebner-Eschenbach

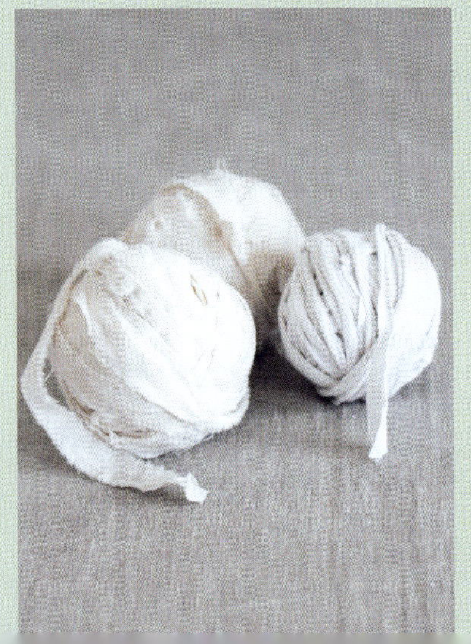

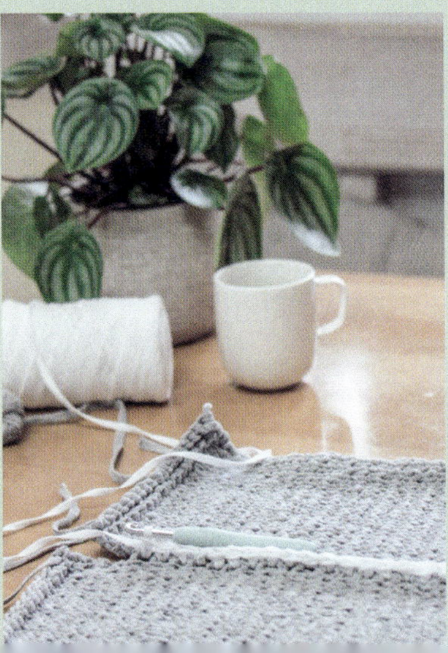

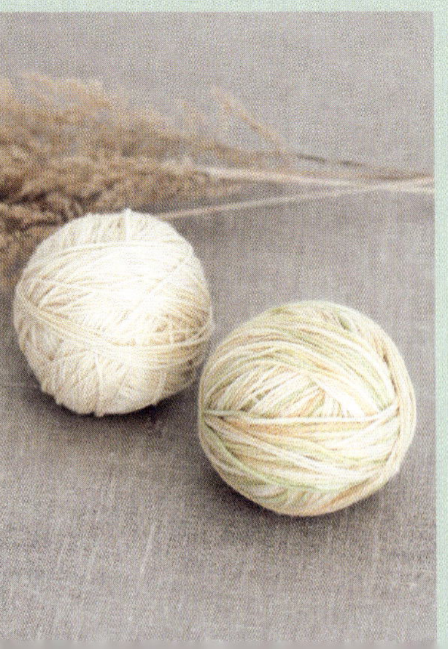

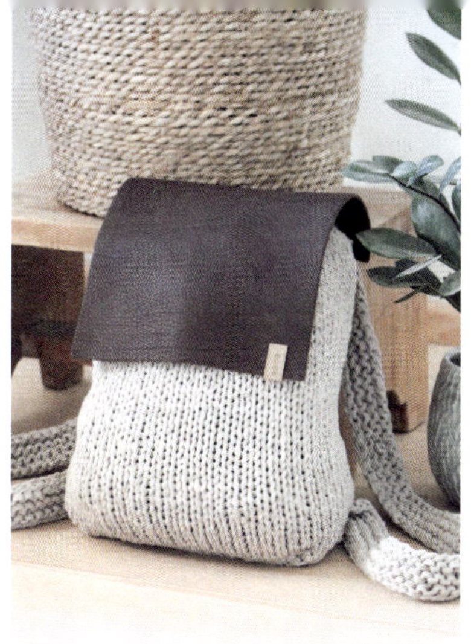
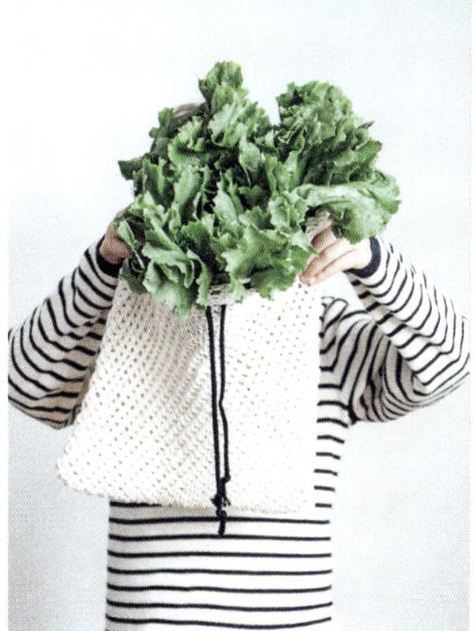
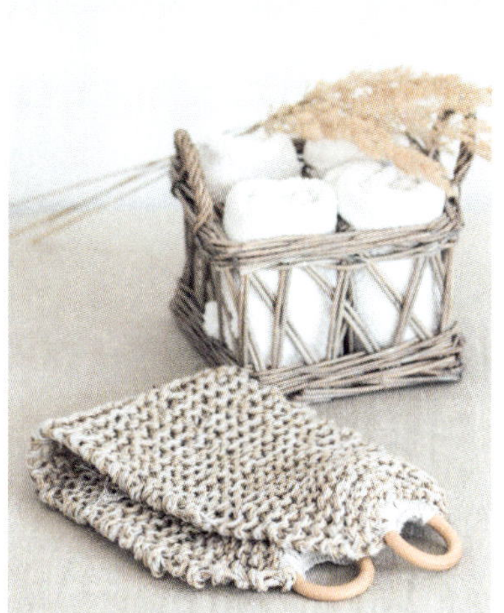

43 PROJEKTE

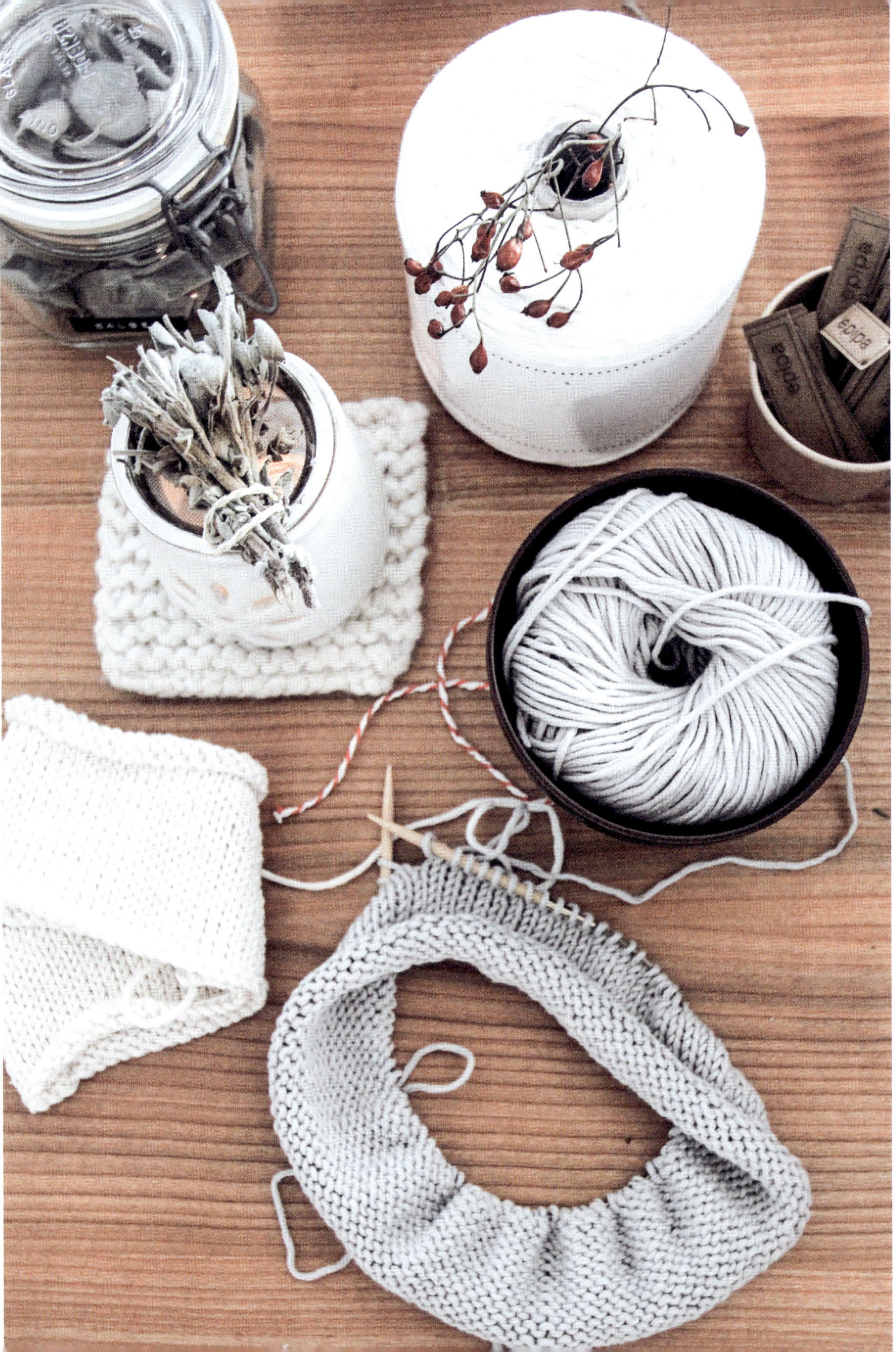

VORWORT

Nachhaltig zu leben, die Umwelt und ihre Ressourcen zu schonen, um weiterhin von und mit ihr leben zu können, lernte ich schon als Kind im Kleinen von meinen Eltern und Großeltern.

Keine meiner Omas warf je etwas weg, wenn es nicht irgendwo im Haus noch eine Verwendung finden konnte. Sie verwendeten es wieder und wieder oder machten etwas Neues daraus. Wie oft hörte ich den Satz: „Aber das kann man doch ganz einfach selbst machen, Kind." Und dann zeigten sie mir, wie. Als Mütter von insgesamt zehn Kindern hatten meine Omas ressourcenschonendes Leben und nachhaltiges Haushalten geradezu perfektioniert. Im Garten wurde das ganze Jahr über eigenes Obst und Gemüse gezogen, eingekocht und haltbar gemacht. Kleidungsstücke wurden weitervererbt, ausgebessert oder geflickt, so lange es ging und ansehnlich war. Hatten sie ihre guten Tage hinter sich, wurden sie in vielfältiger Form weiterverwendet. Stoffe wurden in Streifen gerissen und daraus neue Teppiche geknüpft, Spielzeug hergestellt oder – wenn gar nichts mehr ging – als Putzlappen verwendet. Als kleine Mädchen bekamen wir bunte Flicken alter geblümter Blusen auf unsere löchrigen Jeans, die wir beim Spielen trugen.

Die vielfältigen und einfallsreichen Beispiele, wie meine Omas und meine Mutter Dinge wiederverwerteten und ganz einfach neu erfanden, könnten allein ein ganzes Buch füllen. Ich bin mit diesem Ideenreichtum und der Freude daran, querzudenken, alten Kleidungsstücken oder Gegenständen neues Leben zu geben und der Leidenschaft, Dinge selbst zu machen, aufgewachsen.

In diesem Buch werden wir aus alten T-Shirts, Bettbezügen und Tischdecken Baumwollgarn selbst herstellen und aufgeribbeltem Garn aus unfertigen Projekten wieder zu neuem Glanz verhelfen. Wir werden gemeinsam Schönes, Nützliches und Praktisches für das alltägliche Leben herstellen. Einkaufsbeutel und Körbchen für die Speisekammer, die Küche und Garderobe, Teppiche und Läufer, Platzsets und Accessoires fürs Bad.

Zum Abschluss wünsche ich mir für dich, dass du mit diesem Buch viele schöne Projekte umsetzen kannst. Für dich, dein Zuhause und die, die dir am Herzen liegen. Ich würde mich sehr freuen, wenn du deine fertigen Projekte in deinen InstaStories oder deinem Feed mit #epipaknits oder #einfachnachhaltigstricken markierst. So kann ich deinen Kanal finden und deine Arbeit mit unserer *epipa community* teilen. Ich freu mich drauf!

Und jetzt wünsche ich dir viele schöne Strickmomente! Vor dir liegen unendlich gemütliche Stunden des Selbermachens nachhaltiger Projekte, die vielleicht ebenso wie bei unseren Großmüttern zu Erbstücken werden. Eins ist sicher: Von dir selbst gemacht, werden aus ihnen Geschenke, die man nie vergisst.

Ganz liebe Grüße

Deine

Sascia von epipa

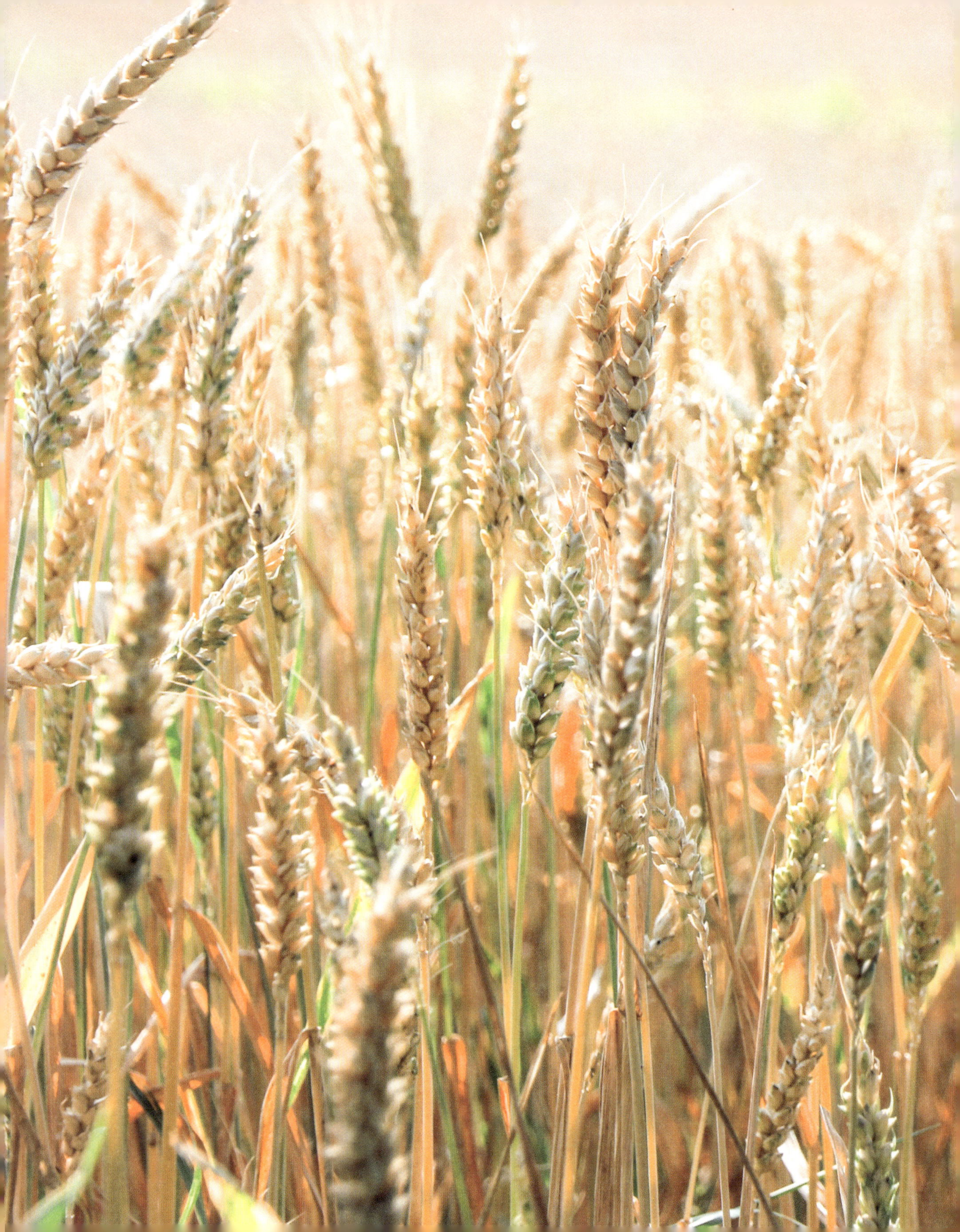

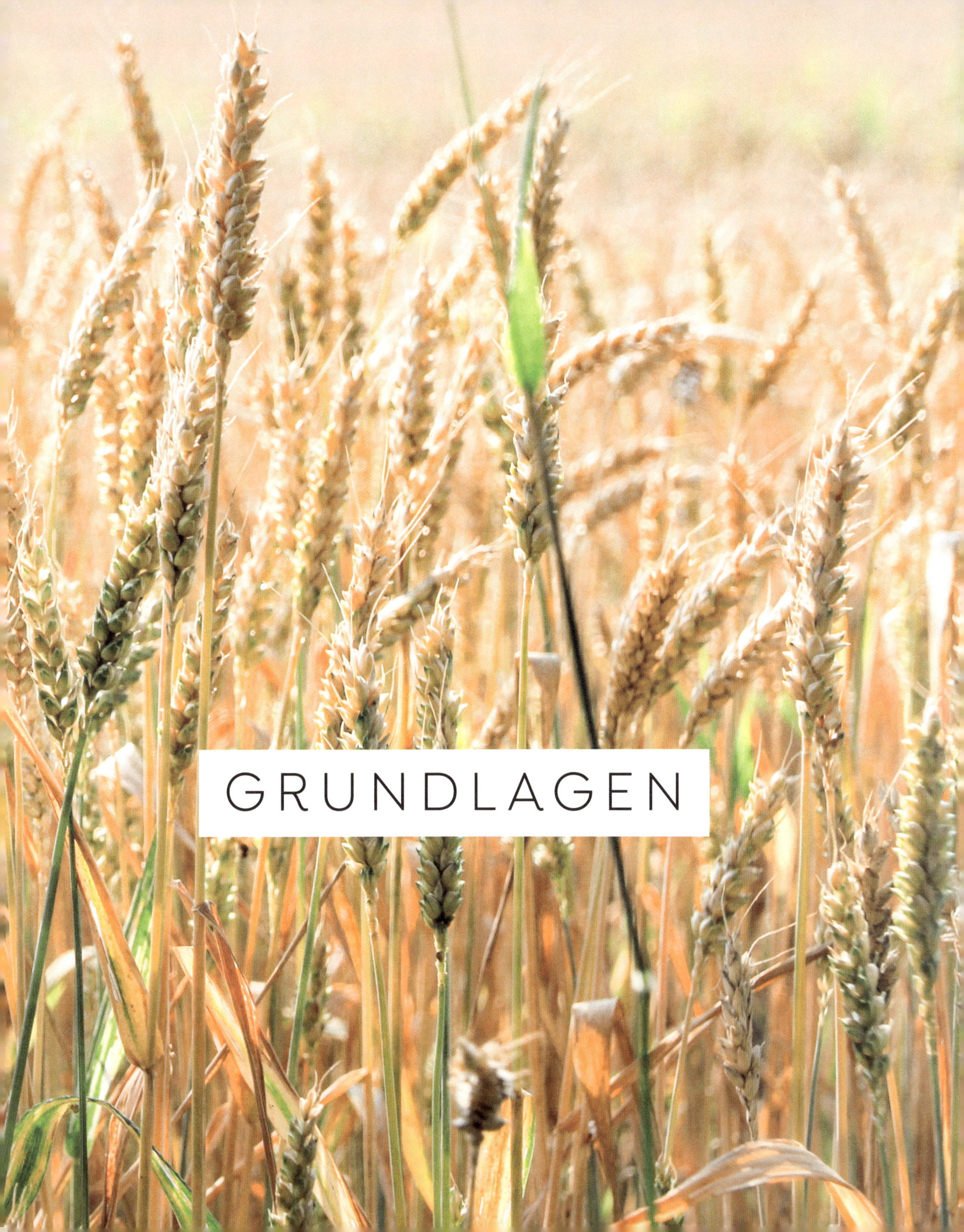

GRUNDLAGEN

EINLEITUNG

Ich freue mich, dass du dich für dieses Buch entschieden hast. Das bedeutet, du interessierst dich dafür, bewusst und nachhaltig zu leben. Du möchtest die Umwelt möglichst nicht unnötig belasten und das eben auch beim Stricken – eine wunderschöne Entscheidung!

Achtsamkeit und Nachhaltigkeit sind wichtige Vorsätze, die sich auf viele Bereiche unseres Lebens anwenden lassen: angefangen beim plastikreduzierten Lebensmitteleinkauf, über nachhaltige Kleidung, Kosmetik und Putzmittel bis hin zu unserem geliebten Hobby, dem Stricken. Oft sind es gerade die kleinen Dinge, die in der Summe den großen Unterschied ausmachen. Wir beobachten es immer öfter auf der Straße, in Geschäften und im Alltag: Wir tauschen die Coffee-to-go-Becher gegen wiederverwendbare Bambus- oder Thermobecher aus, haben beim Einkauf Körbe, Rucksäcke oder Stoffbeutel dabei, um Plastiktüten im Supermarkt oder in der Drogerie zu vermeiden, und kaufen im Bio- und Unverpacktladen ein, wenn es einen in der Nähe gibt. Das sind Dinge, die wir direkt umsetzen können.

Auch mit unseren Hobbys, wie Nähen, Stricken oder Häkeln, können wir viel dafür tun, um ressourcenschonend zu arbeiten. Statt ein lieblos in Massenproduktion hergestelltes Fast-Fashion-Teil zu kaufen, nähen, stricken oder häkeln wir über Stunden ein Kleidungsstück, Home-Accessoire oder eine liebevolle Kleinigkeit, die nicht nur von Herzen kommt, sondern Persönlichkeit hat und nicht selten zum Erbstück wird. Stoffe aus guter Qualität, Slow Fashion und Selbstgemachtes können Jahrzehnte überdauern und mehr Liebe und Behaglichkeit in den täglichen Alltag bringen als ein gerade modernes It-Piece, das meist nicht mehr leisten muss, als eine Saison dem aktuellen Trend Rechnung zu tragen. Oft kann es auch nicht mehr leisten und muss aufgrund minderer Qualität entsorgt werden. Wir wissen das, und darum handarbeiten wir so gerne.

In diesem Buch habe ich für dich eine Sammlung von Alltagsgegenständen zusammengestellt, die du ganz einfach selbst machen kannst. Wie immer bei meinen Projekten habe ich versucht, auch hier wieder möglichst viel Spielraum in der Gestaltung, den Variationsmöglichkeiten und den verwendeten Garnen zu lassen. Bei Teppichen und Körbchen, Platzsets und Tischläufern kannst du dich nach Herzenslust einmal in deinem Kleiderschrank, auf Flohmärkten und in Secondhand-Läden auf der Suche nach schönen Stoffen umsehen. Sie alle können bei neuen Projekten, die dein Zuhause schöner machen, wiederverwendet werden.

Im Grundlagenteil auf den nächsten Seiten erfährst du einiges Wissenswertes zum Thema Nachhaltigkeit in der Garnproduktion und was du beim Kauf von Wolle beachten kannst, um fair, kontrolliert biologisch und ressourcenschonend deine Garne zu beziehen.

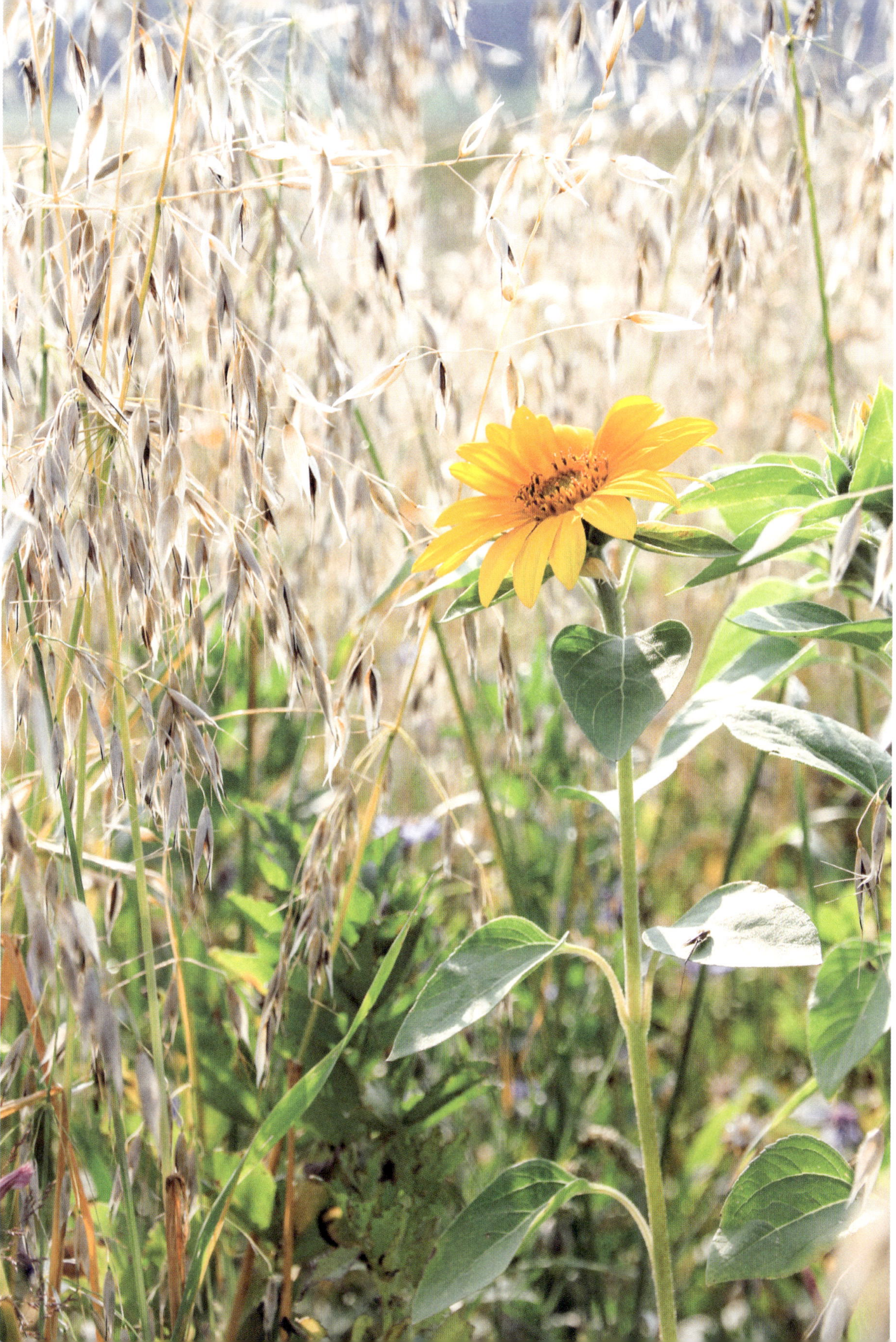

ACHTSAM UND NACHHALTIG IM WOLLREGAL

Was tun mit Resten und Dornröschenwolle? Wenn wir uns unsere ganz persönliche Garnschatzkammer mal so ansehen, finden wir trotz sorgfältiger Planung und bedachtem Kaufverhalten sicher ein paar Knäuel oder UFOs (unfinished objects) im Dornröschenschlaf.

Wir haben also Reste, die wir schon länger nicht oder nicht mehr nutzen und die wir auf unterschiedliche Weise aufbrauchen können:

Es gibt Garne, die wir gekauft haben, weil sie so herrlich waren und einfach kein Weg daran vorbeiführte. Im Geiste haben wir uns schon einen kleinen Plan zurechtgelegt, was wir daraus alles anfertigen können, und eingekauft. In den allermeisten Fällen werden wunderschöne Projekte daraus. Es ist mir aber auch schon passiert, dass ich letztendlich nicht jedes Garn tatsächlich verstrickt habe. Stricken ist ein kreativer Prozess, der die richtige Zeit und Muße braucht, die Stimmung fürs Projekt und den Flow. Sehr selten stricke ich stur nach Plan, und ich kenne eigentlich niemanden, der das tun würde, außer man strickt auf Bestellung. Aber selbst dann bietet man Produkte an, die auch im Akkord Spaß machen.

So kann es also vorkommen, dass das eine oder andere Knäuel über lange Zeit im Wollregal schlummert und letztendlich nie wirklich Verwendung findet, weil man die Farbe, das Muster oder die Struktur des Garns heute so nicht mehr tragen würde. Vielleicht ist die Wolle aber immer noch sehr schön, doch können wir sie nicht mehr wie ursprünglich geplant verstricken, weil der zu Beschenkende einen anderen Geschmack entwickelt hat oder ein Kind aus der geplanten Größe und der damit berechneten Menge Garn herausgewachsen ist. Wenn wir Pech haben, sind zusätzliche Knäuel für die nächste Größe nicht mehr erhältlich.

Wie auch immer wir dahingekommen sind: Ich bin sicher, jeder von uns hat Reste und Dornröschenwolle. Diese ist zum Entsorgen allerdings viel zu schade, und es wäre auch das genaue Gegenteil von Nachhaltigkeit.

In aller Regel wissen wir, was wir mit schönen Resten anfangen können: Wir stricken mehrfarbige Projekte, in denen wir die Garne verwenden, oder kleinere Accessoires und Nützliches. Anleitungen finden sich zuhauf im Internet oder in meinen Büchern.

UFOs werden aufgeribbelt, wieder neu gewickelt und die Wolle neu verwendet. Wie man einmal verstricktes Garn entspannt und es damit wieder wie neu aussieht, zeige ich dir auf Seite 25.

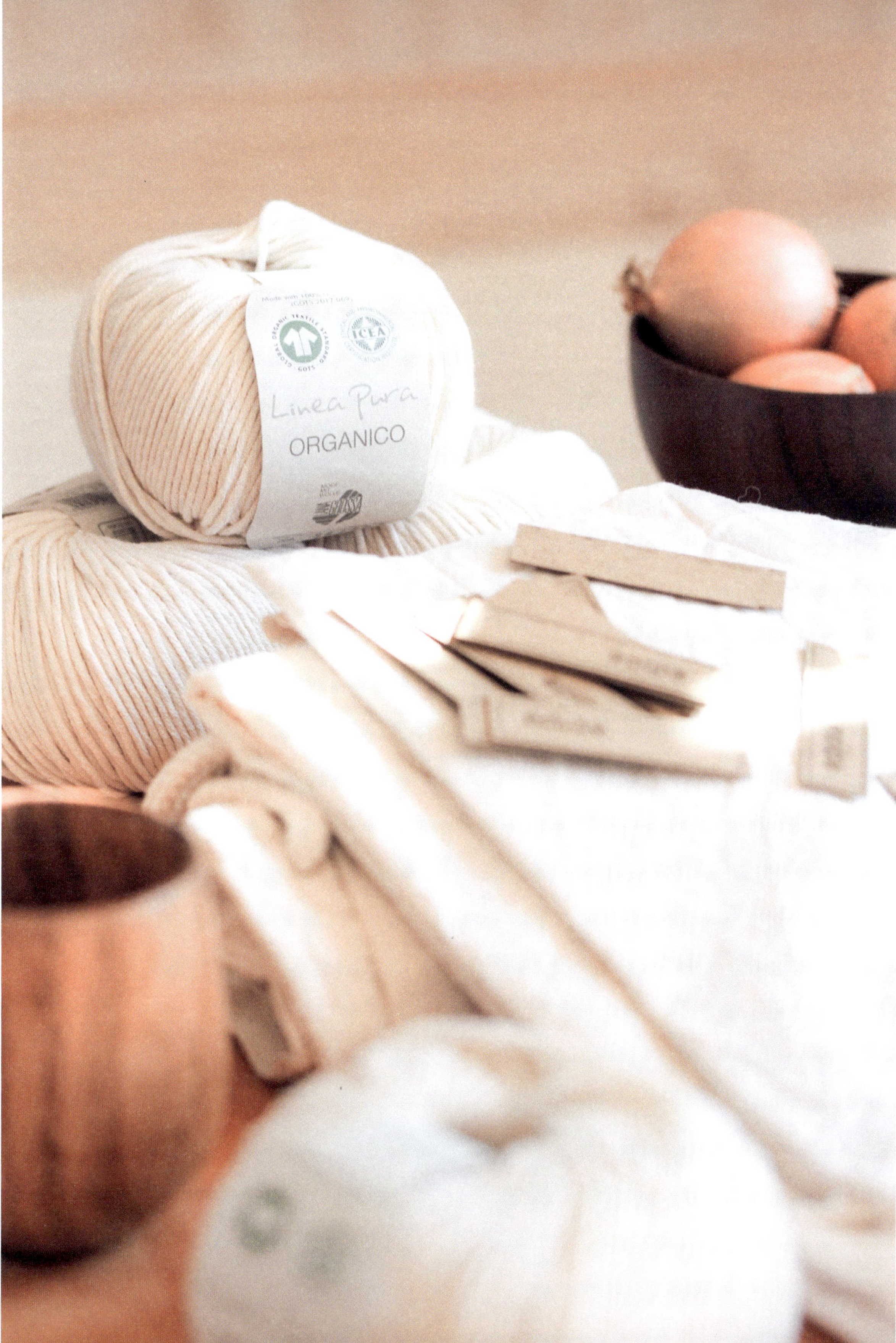
Linea Pura
ORGANICO

TIERISCHE GARNE

Garn ist nicht gleich Garn. Es wird unterschieden zwischen Wolle, die zumeist tierischen Ursprungs ist, Synthetik- und Pflanzenfasern sowie Seide. Es eignen sich für verschiedene Projekte unterschiedliche Garne.

WOLLE

Schurwolle wird seit Jahrtausenden zur Herstellung von Kleidung verwendet und ist die erste Wahl, wenn wir an wärmende Strickereien denken.

Es wird vermutet, dass das Mufflon, der Vorfahr unserer heutigen Hausschafe, um ca. 10.000 vor unserer Zeit erstmals domestiziert wurde. Ursprünglich als Fleischlieferant gehalten, entdeckte der Mensch bald die außergewöhnlichen Qualitäten des Fells der Tiere. Wolle bietet Schutz vor Hitze, Kälte, Wind und Regen. Die Wollfasern der frühzeitlichen Tiere entsprechen allerdings nicht mehr dem heutigen Standard, der ein Ergebnis jahrhundertelanger Züchtung ist.

Nahm die Entstehungsgeschichte der Wolle, wie wir sie kennen, zuerst in Vorderasien ihren Anfang, waren mehrere Jahrhunderte und unzählige Kontinente und Kulturen später England und Spanien für lange Zeit die einzigen Exporteure für Feinwolle. Besonders Merinowolle (genannt nach Beri-Merines), von den Mauren im 8. Jahrhundert aus Marokko nach Spanien gebracht, war sehr begehrt und sprichwörtlich Gold wert. So sehr, dass der Export von Zuchttieren unter Androhung von Todesstrafe verboten wurde. Erst im 18. Jahrhundert wurde das Monopol aufgelöst, und die Tiere verbreiteten sich über ganz Europa.

Bis ins 19. Jahrhundert war Wolle überwiegend den Wohlhabenden vorbehalten, die sich die teure Faser leisten konnten. Erst massenhafte Importe aus Neuseeland und Australien, das um 1850 Deutschland als führende Wollnation ablöste, machten Wolle auch der breiteren Masse zugänglich.

Heute gibt es nicht mehr so viele Schafe in Deutschland wie einst. Die Schafherden, die wir noch aus Kindertagen kennen, ziehen kaum noch durchs Land. Es gibt nur noch an die 1000 hauptberufliche Schäfer, viele halten Schafe im Nebenberuf oder aus Liebhaberei. Dabei sind Schafe nützliche Helfer in der Natur- und Landschaftspflege: Im Norden helfen sie bei der Deichpflege, stampfen den Boden fest und halten die Grasnarbe kurz. In bergigen Regionen, wie etwa der Rhön, erreichen sie Stellen, die für schweres Gerät unzugänglich sind.

Mit dem Kauf von Wolle aus deutschen Schäfereien und Spinnereien können wir deutsche Schäfer, artgerechte Tierhaltung und den Schutz und die Pflege unserer direkten Umwelt unterstützen.

Mit ein wenig Recherche findet man viele Adressen und Informationen zum Thema Schurwolle kbT (kontrolliert biologischer Tierhaltung), die sich dem Umweltschutz und Tierwohl verschrieben haben.

SEIDE

Der Gedanke, Seide zur Textilherstellung zu nutzen, kommt ursprünglich aus China und wird bereits um ca. 3000 v. Chr. in Legenden und Sagen erwähnt. Später wurde sie als bedeutende Handelsware und unter großen Gefahren über die Seidenstraße bis nach Europa transportiert. Neben China sind laut PETA die größten Produzenten von Seide Japan, Indien und Usbekistan. Genau wie Wolle ist auch Seide tierischen Ursprungs.

Seide ist die einzige natürlich vorkommende Endlosfaser und wird aus dem Kokon der Seidenraupe, der Larve des Seidenspinners, gewonnen. Die Raupen verpuppen sich und legen in ca. 300.000 Windungen den begehrten Proteinfaden um sich, bis ein Kokon entsteht. Um den Seidenfaden im Ganzen ernten zu können, werden die Kokons noch vor dem Schlupf des Schmetterlings gekocht oder heißem Wasserdampf ausgesetzt. So wird vermieden, dass der Faden während des Schlupfs in einzelne Teile zerbissen und die Qualität der Seide gemindert wird. Seide aus unversehrten Kokons wird u. a. als Zuchtseide, Maulbeerseide oder Haspelseide (die von Seidenleim gereinigte Seide) bezeichnet. Für 250 g Seidenfaden wird ca. 1 kg Rohmaterial benötigt. Das entspricht etwa 3000 Kokons.

Der Kokon wird von Hand abgewickelt, gereinigt, gehaspelt und weiteren Produktionsverfahren unterzogen, bis er, glatt und weiß, zu mannigfaltigen Seidengeweben weiterverarbeitet werden kann.

Es gibt jedoch auch andere Arten und Verfahren, um Seide herzustellen: Wildseide, Tussahseide oder Bouretteseide werden aus Kokons und Resten gewonnen, die erst nach dem Schlupf des Seidenspinners verarbeitet werden. Durch den Verbiss sind die Fasern kürzer und nicht haspelbar und müssen an den Bruchstellen bei der Verwebung verdickt werden, was zu ihrer charakteristischen unregelmäßigen, von Knötchen durchsetzten Textiloberfläche führt.

Bouretteseide kann nicht vollständig von Seidenleim gereinigt werden und ist aufgrund ihrer groben, leinenartigen Struktur für die Modeindustrie eher uninteressant. Seidenleim, auch Seidenbast genannt, wird allerdings nachgesagt, er habe entzündungshemmende Eigenschaften. Daher wird Bouretteseide aufgrund ihres hohen Anteils an Seidenbast häufig in der Herstellung von Babywindeln und Stilleinlagen verwendet.

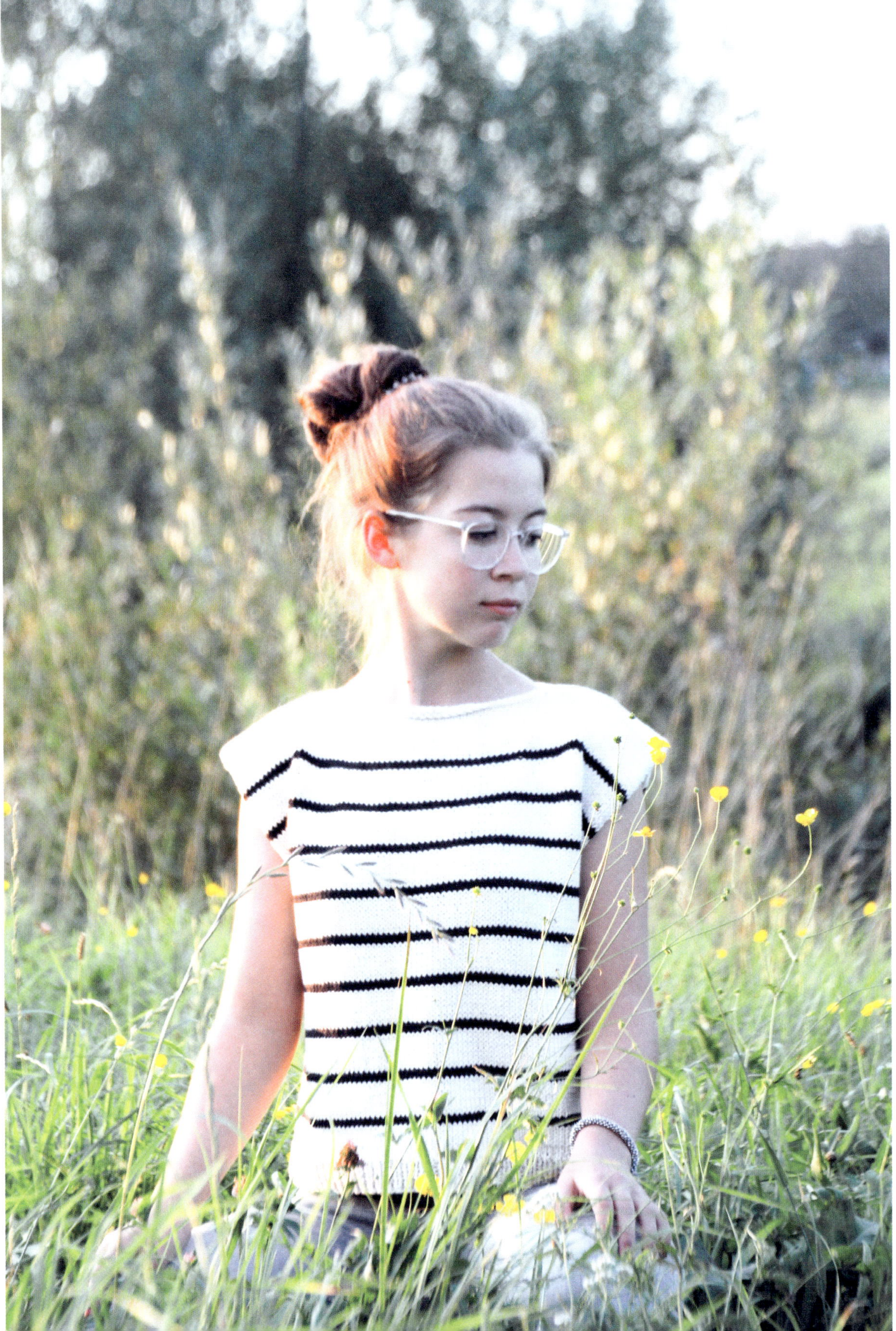

PFLANZENFASERN

Während in der Küche schon lange vegane Alternativen Einzug gehalten haben und weiter im Trend sind, tauchen nun auch im Hobby-Bereich neue Materialien auf, die auf rein pflanzlicher Basis produziert wurden und tierische Bestandteile konsequent ausschließen.

Baumwolle ist in jedem gut sortierten Wollgeschäft zu finden. Tencel und Bambus-Viskose gehören hingegen noch zu den Exoten unter den veganen Garnsorten. Mit unserem Kaufverhalten können wir das ändern – schließlich bestimmt die Nachfrage das Angebot. Wichtig ist aber auch hier, dass das jeweilige Produkt in seiner Gesamtheit betrachtet wird. Nur weil ein Garn als vegan beworben wird, heißt es nicht automatisch, dass in allen Produktionsschritten das Thema Nachhaltigkeit im Blick behalten wurde. Oder dass die Synthetikfaser auch wirklich pflanzlichen Ursprungs ist. Polyester ist auch vegan, hat aber meist Erdöl als Basis. Das lässt sich nur schwer wieder abbauen und gibt bei jedem Waschgang Mikroplastik ins Wasser ab. Damit du einen kleinen Überblick über die verschiedenen Pflanzenfasern und ihre Besonderheiten bekommst, folgen hier die wichtigsten Fakten und auch konkrete Garn-Tipps für dich.

„SEI DU SELBST DIE VERÄNDERUNG, DIE DU DIR WÜNSCHST FÜR DIESE WELT."

Mahatma Gandhi

BAUMWOLLE

Der Klassiker, wenn es um veganes Garn geht. Die Naturfaser ist sehr strapazierfähig und dadurch lange haltbar. Durch ihre weiche Struktur ist sie hautfreundlich und besonders gut für Allergiker geeignet. Im Gegensatz zu synthetischem Garn ist Baumwolle biologisch abbaubar, weil sie zum Großteil aus Zellulose besteht. Allerdings sollte hier auf Bio-Qualität geachtet werden. Denn während bei der konventionellen Baumwollproduktion häufig Pestizide eingesetzt werden, kommt der organische Anbau dank Fruchtfolgen ohne chemische Mittel aus. Heißt: Auf demselben Feld werden zwischen zwei Baumwollsaaten andere Pflanzen angebaut. Auf Baumwolle spezialisierte Schädlinge können sich so nicht so stark vermehren. Mischkultur schützt die Baumwollpflanzen zudem vor weniger spezialisierten Schädlingen, weil diese sich bevorzugt auf die anderen Pflanzen stürzen. Auch die immense Menge an Wasser, die für die Baumwollproduktion nötig ist, wird in dieser Bewirtschaftung besser verwaltet, weil der Boden weniger schnell austrocknet. Als größter Exporteur für Bio-Baumwolle wird die Türkei genannt. Aber auch Indien und Ägypten gelten als bedeutende Standorte in der organischen Baumwoll-Produktion.

GARN-TIPP BAUMWOLLE

Die Garn-Kollektion „Linea Pura" aus dem Sortiment von Lana Grossa beinhaltet u. a. das Modell ORGANICO. Es besteht zu 100 Prozent aus nachhaltig angebauter Bio-Baumwolle und ist in 42 Farben erhältlich. Außerdem ist es zweifach zertifiziert: mit dem weltweit anerkannten GOTS-Siegel sowie dem ICEA-Siegel (S. 21). Das schlichte Garn eignet sich z. B. hervorragend für Abschmink-Pads (S. 105), aber auch für Spültücher (S. 65) und selbstverständlich auch für Kleidung.

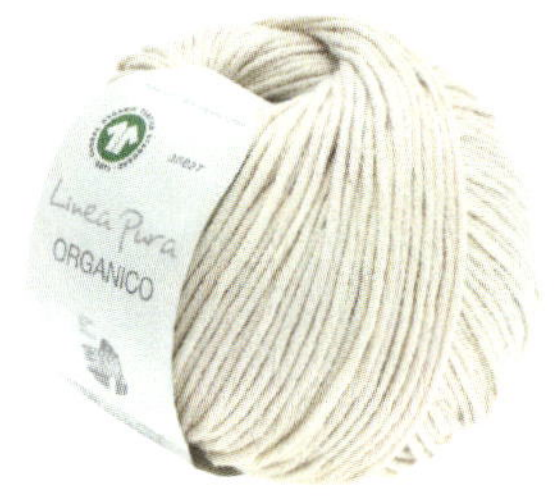

GARN-TIPP PIMA-BAUMWOLLE

60 Prozent Pima-Baumwolle ist im Garn „Cumbria" der Firma Pascuali zu finden. Die restlichen 40 Prozent bestehen aus Viskose, die aus Bambus-Zellstoff hergestellt wurde und aus China importiert wird. Der Mix dieser beiden Fasern fühlt sich ähnlich wie ein Merino-Seide-Garn an. Außerdem reduziert diese Zusammensetzung den Wasserverbrauch bei der Herstellung. Der liegt bei Baumwolle nämlich wesentlich höher als bei Viskose. Das vegane Produkt wird vollständig in Peru verarbeitet und verfolgt von der Faserproduktion bis zum Verpackungsmaterial ein nachhaltiges Konzept. So wird zum Beispiel der Schlamm, der während der Waschung der Fasern entsteht, wieder für die Düngung der Felder eingesetzt. Das Garn ist in 18 Farben erhältlich.

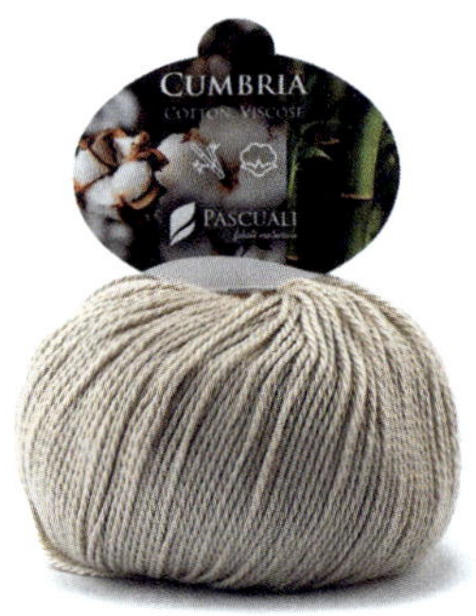

PIMA-BAUMWOLLE

Diese Sorte unterscheidet sich von herkömmlicher Baumwolle durch ihre Faserlänge und -stärke. Baumwollfasern sind zwischen 13 und 19 Millimeter lang – die von Pima-Baumwolle rund 35 Millimeter. Angebaut wird sie in Peru, überwiegend in den nördlichen Küstentälern. Denn dort – in Äquatornähe – herrscht das perfekte Klima für die Pflanzen. Eine weitere Besonderheit ist, dass sie ausschließlich per Hand gepflückt wird. Das macht die Produktion umweltfreundlicher, und die Fasern laufen nicht Gefahr zu brechen. Pima-Baumwolle gilt als vegane Alternative zu Seide, da sie fast genauso weich und temperaturausgleichend wie ihr tierisches Pendant ist. Ihre antiallergenen Eigenschaften machen sie besonders geeignet für Babys und Menschen mit empfindlicher und sensibler Haut.

LEINEN

Leinen wird aus den Stängeln der Flachspflanze gewonnen und zählt neben Baumwolle, Hanf, Wolle und Seide zu den Naturfasern, die zur Herstellung von Textilien genutzt werden. Man unterscheidet zwischen Halbleinen und Vollleinen. Halbleinen besteht aus Baumwolle mit einem Flachsanteil von mindestens 40 Prozent, während Vollleinen zu 100 Prozent aus Flachs hergestellt wird. Die Leinenfaser lässt sich im Gegensatz zu anderen Bastfasern gut teilen und fein verspinnen, was sie für die Herstellung von Wäsche und Kleidung auszeichnet.

Da die Leinenfaser glatt ist und das Leinengewebe wenig Luft einschließt, ist Leinen flusenfrei und wenig anfällig für Schmutz und Bakterien. Die Faser ist von Natur aus bakterizid, antistatisch und schmutzabweisend. Leinen kann bis zu 35 Prozent Luftfeuchtigkeit aufnehmen und gibt diese Feuchtigkeit auch schnell wieder an die Umgebungsluft ab. Somit wirkt sie einerseits kühlend und ist dennoch trocken und wärmend.

HANF

Hanf ist als schnell nachwachsender Rohstoff aufgrund seiner vollständigen und vielseitigen Nutzungsmöglichkeiten sehr beliebt. Neben Hanfzellstoff bzw. Hanfpapier stellen Hanftextilien das wichtigste Produkt aus Hanffasern dar. Die ältesten bekannten Funde von Textilien aus Hanffasern stammen aus China und wurden auf ca. 2800 v. Chr datiert. Bis in das 19. Jahrhundert waren Hanffasern neben Flachs, Nessel und Wolle die wichtigsten Rohstoffe für die europäische Textilindustrie. Kleidung aus Hanf besitzt darüber hinaus die Eigenschaft, rund 30 Prozent Feuchtigkeit aufzunehmen, und ist aus diesem Grund sehr angenehm zu tragen.

Beim Anbau von Hanf werden keine Herbizide benötigt, da die Pflanze nach wenigen Tagen den Boden vollständig verschattet, sodass Unkraut nicht mehr wachsen kann. Er ist außerdem äußerst schädlingsresistent und sehr pflegeleicht, sodass beim Anbau auf chemische Mittel verzichtet werden kann.

RECYCELTE GARNE

Allein in Deutschland fallen jährlich rund 1,35 Millionen Tonnen abgetragener Kleidung aus privaten Haushalten an. Wie eine repräsentative Umfrage von Greenpeace ergeben hat, wird jedes fünfte Kleidungsstück so gut wie nie getragen, bevor es ausgemustert wird. Das sind starke Zahlen. Neben überlegterem Kaufverhalten können wir auch in diesem Fall etwas tun. Wir können aus alten T-Shirts und Baumwollstoffen ganz einfach selbst Garn herstellen und zu etwas Neuem verarbeiten. So können wir einstigen Lieblingsstücken, Bettwäsche und Kleidung, die wir nicht mehr tragen, neue Verwendung geben – vielleicht sogar besser und langlebiger als zuvor.

Auch die Garnindustrie hat sich zum Thema Recycling etwas überlegt: Inzwischen gibt es viele Hersteller, die Recyclinggarne anbieten, die teils zu 100 Prozent, teils mit Beimischungen neuer Fasern, aber dennoch hohem Recyclinganteil produziert wurden. Hierfür werden ausrangierte Textilien und Produktionsabfälle aus der Modeindustrie verarbeitet und damit der Versuch unternommen, weitere Ressourcen einzusparen und die Umwelt weniger zu belasten.

KASCHMIR

Die Firma Rico Design nutzt Überschüsse aus der Produktion von Kaschmirbekleidung, um aus den kostbaren Fasern das „Essential Cashmere Recycled dk"-Garn zu spinnen. Dafür wird das Material sorgfältig gebürstet, um es in seine ursprüngliche Vliesform zu bringen. Anschließend wird es neu versponnen und ein kuschliges Kaschmirgarn entsteht. Dieses eignet sich hervorragend für Winteraccessoires wie Schal und Stirnband, aber auch für Pullover oder Cardigans.

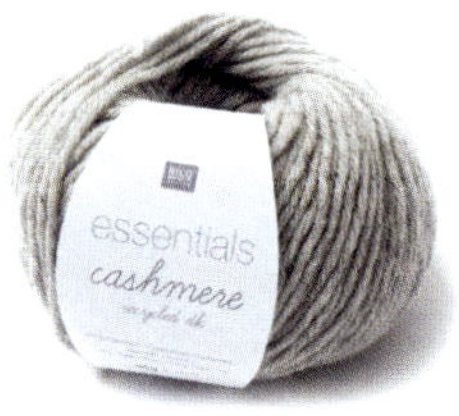

DENIM

Alte Jeanshosen verwerten hingegen die Macher der spanischen DIY Brand We Are Knitters. Anstatt im Müll zu landen, werden für das „Recycled Yarn" alte Denim-Teile bis in ihre einzelnen Fasern zerlegt und zu einem neuen, robusten Garn versponnen. Seine auffällige Struktur gibt Kleidungsstücken einen rustikalen Look und bietet sich z. B. für frühlingshafte Sweater und Tops an. Farben stehen sechs zur Auswahl: Dunkelblau, Himmelblau, Weinrot, Naturweiß, marmoriertes Rosa und Grau.

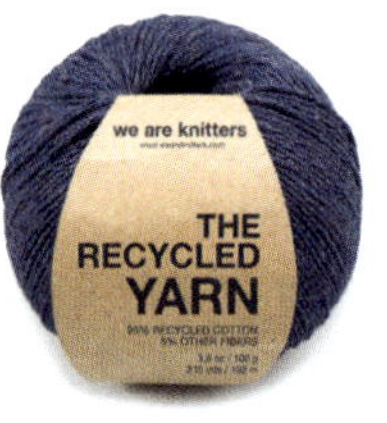

BAUMWOLLE

Das Garn-Modell Reva der Firma ggh besteht zu 95 Prozent aus recycelter Baumwolle. Auch beim Design hat der Hersteller auf den Used-Look gesetzt – alle 14 Farben sind leicht meliert. Dieser Effekt gibt dem Garn eine spezielle Jeans-Optik. Besonders geeignet ist das Garn für sommerliche Strickprojekte wie zarte Tücher, Tops oder leichte Cardigans.

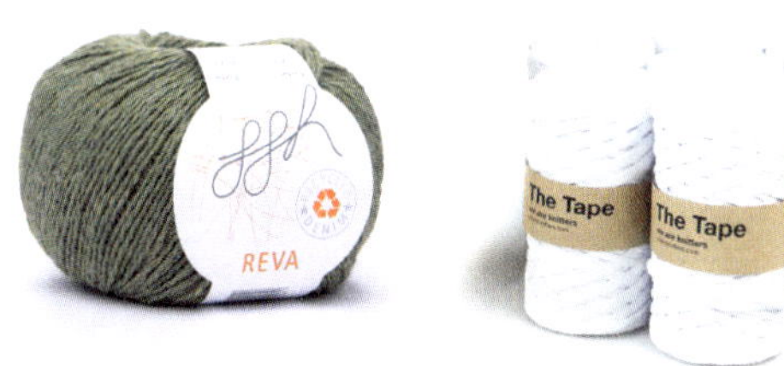

Ein anderes Beispiel ist The Tape von We are Knitters, das größtenteils aus recycelten T-Shirt-Fasern besteht und mit unbedenklichen Farben gefärbt wird.

GARNINNOVATIONEN

Auf der Suche nach umweltverträglichen Alternativen sind Industrie und Forschung ständig bestrebt, neue Wege zu finden, den Ansprüchen von Verbrauchern und Umweltschutz gerecht zu werden. Garne, hergestellt aus Bambus, Maisstärke, Holzfasern und Tencel, auch Lyocell, klingen auf den ersten Blick zwar beruhigend nachhaltig und sind es dank natürlicher Rohstoffe sicherlich auch, kommen im Laufe des Produktionsprozesses jedoch um den Einsatz giftiger Chemikalien noch immer nicht ganz herum.

BAMBUS, HOLZ, TENCEL

Der IVN (Internationaler Verband der Naturtextilwirtschaft) erkennt Viskose, hergestellt aus oben genannten Rohstoffen, nicht als unbedenklich an. Der Unterschied von Viskose zu Naturfasern liegt darin, dass Viskose erst nach aufwendigen chemischen Umwandlungsprozessen versponnen werden kann. Durch die intensive chemische Behandlung entsteht eine beträchtliche Menge von schädlichen Zwischenprodukten.

MAISGARN

Im Fachbegriff Polylactid (PLA), wird Maisgarn aus Maisstärke hergestellt. Was uns die Garnbanderole jedoch nicht verrät: Polylactide sind synthetische Polymere und zählen zu den Polyestern. PLA sind zwar biologisch innerhalb weniger Monate abbaubar, jedoch nur zu bestimmten Umweltbedingungen, wie sie ausschließlich in industriellen Kompostieranlagen vorzufinden sind. In der Natur zersetzt sich PLA wesentlich langsamer und wird daher auch biologisches Mikroplastik genannt.

SOY SILK

Garn aus Sojafasern ist auch mit Vorsicht zu betrachten. Zwar wird damit geworben, dass die Faser in der Herstellung aus einem Abfallprodukt der Tofu-Verarbeitung stammt, der Anbau von Soja ist allerdings nicht unkritisch zu sehen. In der Kritik steht der Anbau der Sojabohne für die Futtermittelindustrie, die 80 Prozent der Sojaernte benötigt. Der Sojaanbau ist verantwortlich für Monokulturen und die Vertreibung indigener Völker aus ihren Lebensbereichen. Da tatsächlich nur ein kleiner Teil, nämlich 20 Prozent des gesamten Sojaanbaus, für Lebensmittel genutzt werden, kann Soy Silk nicht zwangsläufig als unbedenklich gelten.

Wir sollten Innovationen nicht von vornherein verteufeln. Gesundes Misstrauen und etwas Recherche sind allerdings immer ein guter Begleiter, wenn wieder einmal hochgepriesene Neuerungen mit glänzenden Versprechungen einhergehen.

SIEGEL-LEXIKON

Verschiedene Siegel können dir Auskunft über die Produktionsbedingungen des Garns geben. Leider können sich viele kleinere Produzenten die teuren Zertifizierungen nicht leisten. Den Hersteller direkt nach den Ethikansprüchen seines Betriebs zu fragen, ist daher auch immer eine gute Möglichkeit, um herauszufinden, ob das Garn aus artgerechter Haltung stammt und umweltfreundlich produziert wurde.

Für Schafwolle ist vor allem das KbT-Siegel ein gutes Erkennungsmerkmal, wenn du tierleidfreies Garn kaufen möchtest. Die Abkürzung steht für „Kontrolliert biologische Tierhaltung" und verbietet nicht nur Mulesing, sondern sorgt auch dafür, dass die Tiere artgerecht gehalten werden. Heißt: Es werden keine Masthilfen eingesetzt, die Tiere haben viel Platz auf pestizid- und insektizidfreiem Weideland, dürfen sich natürlich fortpflanzen und bekommen Futter, das unter besonderer Kontrolle steht.

Das Pendant für pflanzliche Fasern wie Baumwolle ist das KbA-Siegel. Es steht für „Kontrolliert biologischer Anbau" und regelt, dass die Pflanzen nicht mit Pestiziden behandelt oder genetisch verändert werden dürfen. Darüber hinaus muss von Hand geerntet werden, und auch das Unkraut darf nicht mit Vernichtungsmitteln bekämpft werden. Selbst die Weiterverarbeitung unterliegt strengen Regeln. So dürfen beispielsweise keine Chemikalien in der weiteren Produktion verwendet werden.

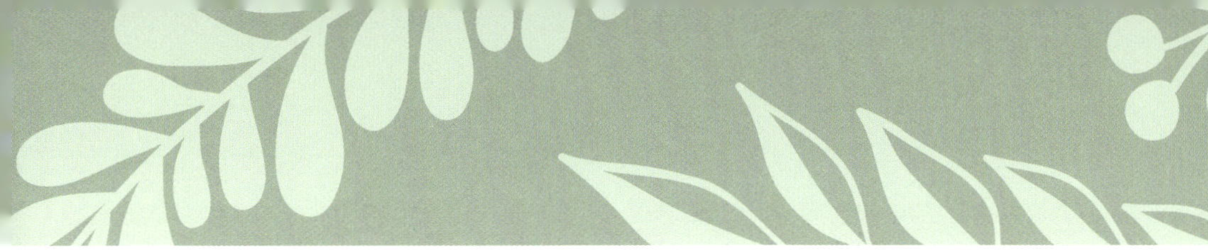

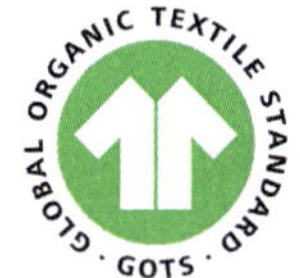

GOTS-Siegel

Um das GOTS-Siegel (Global Organic Textile Standards) zu erhalten, müssen 70 Prozent der Fasern des Produkts aus kontrolliert biologischem Anbau (KbA) kommen. Um es zusätzlich mit dem Begriff „Bio" zu betiteln, müssen es sogar 95 Prozent sein. Und bei Fasern tierischen Ursprungs gilt ebenfalls die kontrolliert biologische Tierhaltung (KbT). In der Weiterverarbeitung darf darüber hinaus nicht mit Chlor gebleicht werden. Zusätzlich unterliegt das GOTS-Zertifikat auch der Einhaltung sozialer Standards. Dazu zählen u. a. die Zahlung von Mindestlöhnen, Gesundheits- und Sicherheitsschutz am Arbeitsplatz sowie das Verbot von Kinder- und Zwangsarbeit.

OEKO-TEX®
CONFIDENCE IN TEXTILES
MADE IN GREEN

Öko-Tex-Siegel

Mit zu den bekanntesten Zertifizierungen gehören wohl die OEKO-TEX® Produktlabels. Wenn Garn beispielsweise das MADE IN GREEN by OEKO-TEX® Siegel trägt, wurde es einer umfangreichen Schadstoffprüfung unterzogen. Dabei müssen nationale und internationale Grenzwerte und Richtlinien eingehalten werden, um Gesundheitsgefahren auszuschließen. Neben der erfolgreichen Prüfung auf Schadstoffe gemäß STANDARD 100 fordert MADE IN GREEN aber zusätzlich auch die Einhaltung umweltfreundlicher Produktionstechnologien und sozial verantwortlicher Arbeitsbedingungen.

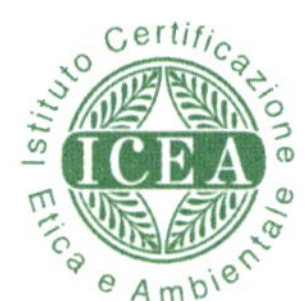

ICEA-Siegel

ICEA ist eine akkreditierte und autorisierte Zertifizierungsstelle, die Produkte gemäß den Anforderungen des GOTS-Standards zertifiziert. Um das Siegel zu erhalten, muss u. a. sichergestellt sein, dass das Garn zu 95 Prozent aus Bio-Fasern besteht. Tiere müssen von Bio-Höfen stammen und artgerecht gehalten werden. Außerdem dürfen keine gentechnisch veränderten Organismen eingesetzt werden, und die Verpackung muss aus recycelbarem Material hergestellt werden.

T-SHIRT-GARN SELBST MACHEN

Skills: Anfänger, sehr leicht

Alte Kleidungsstücke, Tischdecken und Bettbezüge, ausgemustert oder vom Flohmarkt, verwende ich immer wieder gern und gebe ihnen neues Leben. Aus T-Shirts kann man mit ein paar Schnitten T-Shirt-Garn für Körbchen und kleine Teppiche herstellen.

Material

- gebrauchtes, dehnfähiges Baumwollshirt
- Schere

ANLEITUNG

T-Shirt auf einer glatten Fläche ausbreiten. Unterhalb der Ärmel quer über den Brust- und Rückenteil des Shirts einen geraden Schnitt machen. Dabei beide Schichten zugleich schneiden. Den unteren Saum des Shirts abschneiden. Das Ergebnis ist ein Schlauch.

Den Schlauch so auf die Arbeitsfläche legen, dass die offenen Kanten nach außen und die ursprünglichen Seitennähte des T-Shirts nach oben und unten zeigen.

Den Stoff nun mit beiden geschlossenen Seitennähten aufeinanderlegen. Die beiden Kanten dabei so legen, dass die untere Hälfte ca. 2 cm übersteht.

Mit 2 cm Abstand zum äußeren Rand mit der Schere beim unteren Falz beginnend, gerade hoch schneiden, bis die erste obere Seitennaht durchtrennt ist. Die untere Seitennaht bleibt unversehrt, damit das Garn später in einem Stück gewickelt werden kann. Daneben einen parallelen Schnitt setzen und bei einer Streifenbreite von ca. 2–3 cm so fortfahren, bis das ganze Shirt geschnitten ist.

Nun das Shirt an der verbliebenen intakten Seite auseinanderfalten und von rechts nach links diagonal auch diese Naht in Streifen schneiden. Der erste und letzte Schnitt durchtrennen jeweils das Shirt, sodass man Anfangs- und Endfaden erhält.

Das fertig in Streifen geschnittene Shirt sollte nun aus einem langen Stück bestehen. Den Stoff sanft in die Länge ziehen, bis sich das Garn einrollt.

HINWEIS

links und hintere Mitte:
Baumwollgarn
rechts: T-Shirt-Garn

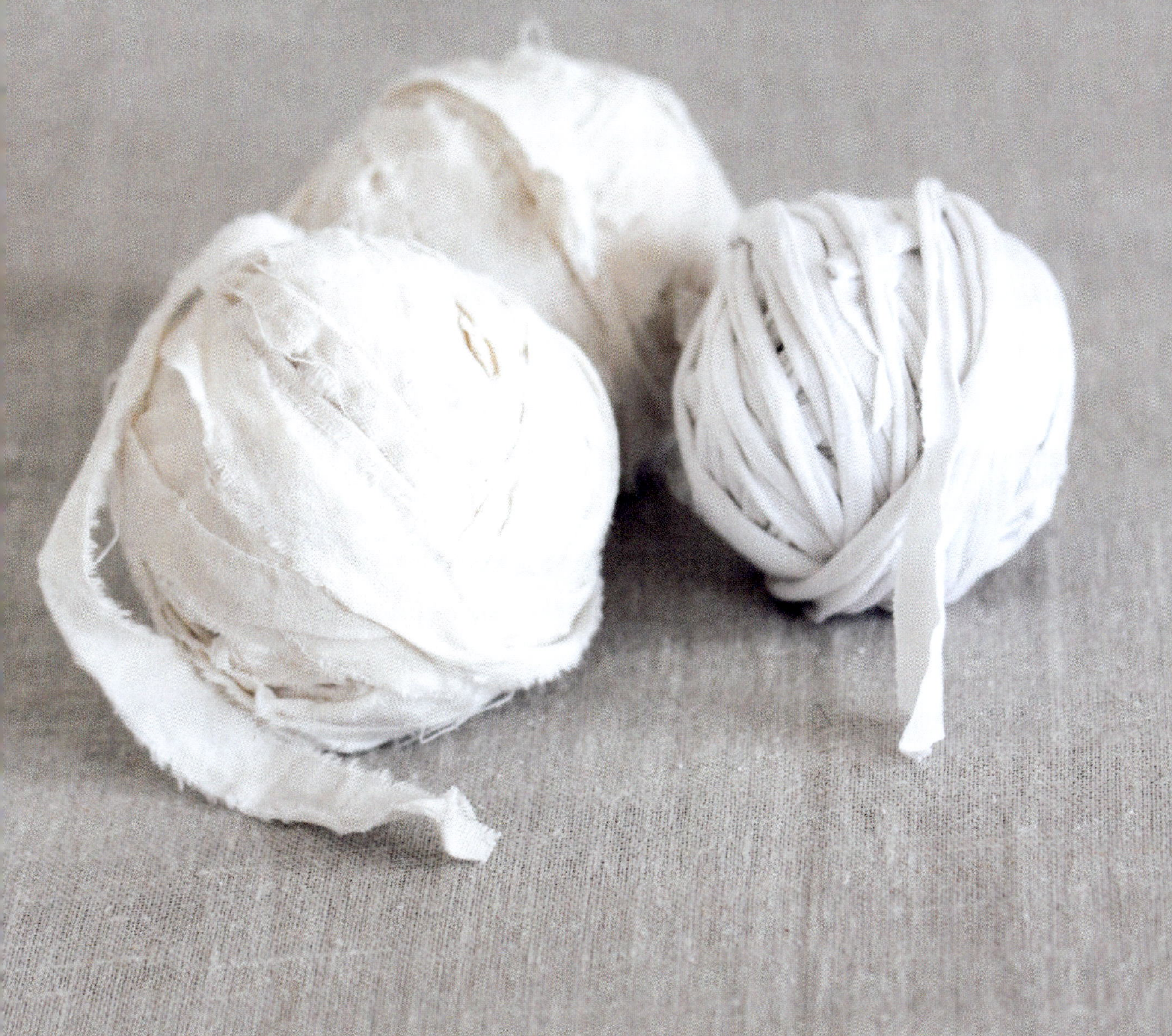

BAUMWOLLGARN SELBST MACHEN

Skills: Anfänger, sehr leicht

Aus alten gewebten Baumwollstoffen, wie Tischdecken, Bettwäsche oder Vorhängen lassen sich wunderschöne Garne herstellen. In Streifen gerissen, zu Knäueln gewickelt und verstrickt, lassen sich aus ihnen hervorragend Teppiche, Läufer und Platzsets herstellen. Einfarbige Stoffe ergeben ein ruhiges Erscheinungsbild des Strickstücks, während sich aus gemusterten Stoffen wunderschöne Melangen erzielen lassen.

Material

- gewebter Baumwollstoff, z. B. Bettbezug

ANLEITUNG

Bettbezug an allen Nähten auftrennen. Es ergeben sich zwei Teile (große Rechtecke).

Die Stroffstreifen sollten nicht schmaler als 1,5 cm und nicht breiter als 2,5 cm sein. Zu schmal, besteht die Gefahr, dass der Stoffstreifen in sich zerreißt, zu breit, wird das Garn kaum noch strickbar sein.

Für die Garnstreifen den Bezug, von der schmalen Kante des Bezugs ausgehend, der Länge nach in Streifen reißen. Dazu mit einer Schere, vom Rand ausgehend, nach 1,5 cm einen kleinen Schnitt setzen und den Stoff der Länge nach an der Schnittstelle durchreißen. Qualitativ hochwertig gewebte Baumwollstoffe reißen sauber an der Schnittkante der Länge nach bis zum Ende der Stoffbahn.

Ist der Bezug in Streifen gerissen, die Enden miteinander verbinden (Abb. 1 und 2) und zu einem Garnball wickeln. Die abstehenden Enden und rauen Kanten ergeben ein leicht rustikales Aussehen.

Für eine ebenmäßige Oberfläche: Die Streifen mit Nadel und Faden aneinandernähen und während des Aufwickelns leicht einzwirbeln, um die Risskanten zu verbergen.

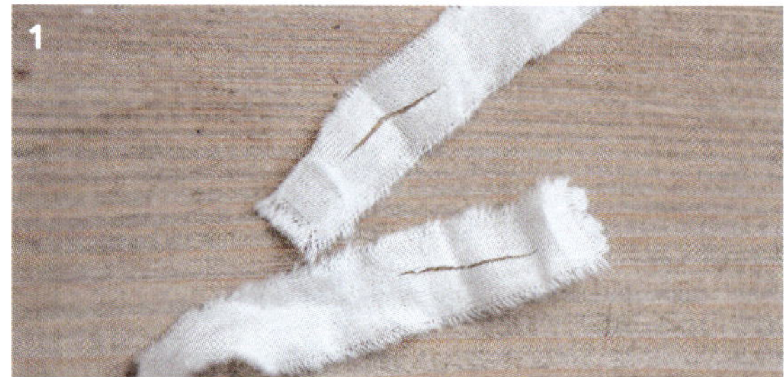

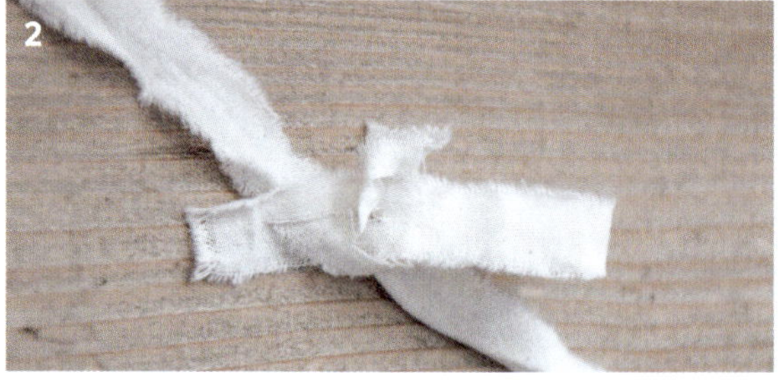

FROGGED YARN

ENTSPANNEN

Skills: Anfänger, sehr leicht

Es kann immer mal wieder vorkommen, dass ein Projekt nicht gelingt, nicht gefällt oder einfach nicht fertiggestellt wird. Das aufgeribbelte Garn *(frogged yarn)* kann, nachdem es einmal verstrickt war, in dieser Form kaum mehr für neue Projekte verwendet werden, da es an den Stellen, an denen es zur Masche verstrickt wurde, stark unregelmäßig und verzwirbelt ist. Mit etwas Zeit kann man *frogged yarn* jedoch ganz einfach entspannen und für ein neues Projekt wiederverwenden.

Material

- nicht fertiggestelltes Projekt (UFO)
- aufgeribbeltes Garn *(frogged yarn)*
- ggf. Haspel, Stuhllehne oder eigener Unterarm
- Bindfaden
- Eimer
- Kochlöffel

ANLEITUNG

Um das Garn zu entspannen, wird es zum Strang gewickelt, in Wasser getaucht und hängt sich durch sein Eigenwicht während des Trockenvorgangs aus.

Dazu das UFO aufribbeln und das Garn auf der Haspel zum Strang wickeln. Ist keine Haspel zur Hand, genügt auch eine gerade Stuhllehne oder der eigene Unterarm, um den das Garn zwischen Hand und Ellbogen immer wieder gewickelt wird. Die Länge des Strangs ist dabei nicht entscheidend. Wichtig ist nur, am Ende einen oder, je nach Größe des UFOs, mehrere Garnstränge vor sich liegen zu haben.

Sind alle Stränge gewickelt, mithilfe von Garnresten oder Bindfaden die einzelnen Fäden im Strang fixieren. So wird vermieden, dass sie sich verknoten. Dazu mit dem Bindfaden die Wolle locker an drei bis vier Stellen zusammenbinden.

Die Wolle mittels Kochlöffel in die Spüle oder in einen Eimer Wasser tauchen, bis sie vollständig mit Wasser vollgesogen ist, nicht rühren! Die Wolle herausnehmen, das überschüssige Wasser sanft ausdrücken, nicht wringen! Einen einzelnen Strang über der Spüle abtropfen lassen. Bei mehreren Strängen ist es sinnvoller, die Wolle in der Dusche oder der Badewanne aufzuhängen. Das abtropfende Wasser kann in Eimern aufgefangen und z. B. zum Gießen der Blumen verwendet werden. Die Wolle am besten über Nacht, nicht im Sonnenlicht und nicht auf der Heizung trocknen lassen. Das würde die Fasern schädigen. Durch ihr Eigengewicht hängen sich die Fäden aus und sollten gerade trocknen. Sollte die Wolle sehr stark verzwirbelt sein, ggf. mit Gewichten beschweren.

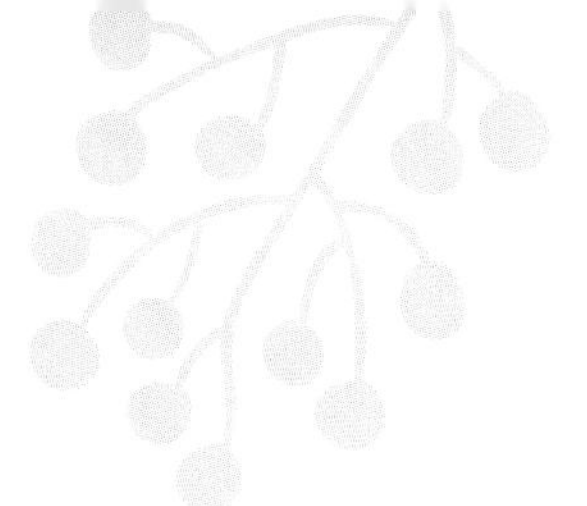

DIE FARBEN

Garne, wie wir sie aus dem Handel kennen, sind meist chemisch gefärbt. Auch hier gibt es Unterschiede in der Nachhaltigkeit der Färbeprozesse.

In diesem Buch kann ich das Thema Selbstfärben nur anreißen und nur eine der vielen Methoden des Färbens beschreiben. Dieses Thema ist so vielfältig, dass es ganze Bücher füllt und diesen Rahmen sprengen würde. Wer sich abseits dieses Kapitels intensiv mit dem Färben beschäftigen möchte, findet mit etwas Recherche im Internet eine Vielzahl an Informationen. Sei es das Färben von Wolle mit Lebensmittel- oder Pflanzenfarben, Färben im Topf oder im Backofen, Beizen mit Essig oder Alaun, Färberezepte und Bezugsquellen von Färbedrogen und Färbemitteln. Grundsätzlich möchte ich jeden ermuntern, es einfach einmal auszuprobieren, da der Färbeprozess immer wieder aufs Neue spannend ist. Das passende Garn auszusuchen, die Wahl der Färbemittel, die Beize, das Anrühren und Mischen der Farben, die Färbung an sich und der Moment der Wahrheit. Nicht immer erzielt man sofort die erwarteten Ergebnisse – besonders am Anfang kann die tatsächliche Färbung von der festen Vorstellung abweichen. Kein Farbbad gleicht dem anderen, was für mich jedoch den besonderen Charme des Selbstfärbens ausmacht.

Fertig gemischte Farbstoffe sind im Vergleich zu Pflanzenstoffen, wie Zwiebelschalen oder Avocadokernen, zwar teurer, jedoch unempfindlicher in der Langlebigkeit der Färbung. Das Ergebnis ist auch leichter reproduzierbar und damit besser für Einsteiger geeignet. Mit ihnen lassen sich gut Effekte, Mischungen oder Farbabstufungen erzielen. Der Handel bietet unzählige Varianten und auch fertige Kits zum Selbstfärben an.

Wer selbst mit Pflanzenstoffen experimentieren möchte, sollte beachten, dass säurebasierte Färbungen, wie Färben mit Lebensmittel- oder Säurefarben, am besten von rein tierischen Fasern aufgenommen werden. Pflanzliche Garne nehmen, je nach Zusammensetzung oder Beimischung durch Hilfsfasern, diese Farben nicht immer vollständig oder gleichmäßig auf. Dies kann je nach Färbeart zu schönen Effekten wie Melangen, aber auch zu einer Enttäuschung führen, wenn das Ergebnis nicht der Erwartung entspricht. Am besten ist es daher, sich die Herstellerhinweise und Empfehlungen zu den Färbedrogen genau anzusehen, für den Anfang Garne mit mindestens 70 Prozent Wollanteil zu verwenden und einfach offen für den natürlichen Prozess zu sein. Wenn die ersten Färbungen zufriedenstellend verlaufen sind, kann darauf aufbauend weiter experimentiert werden – die Möglichkeiten sind unendlich. Ich empfehle auf jeden Fall, ein Färbetagebuch zu führen und Mischungsverhältnisse, Ergebnisse und Eindrücke darin genau festzuhalten. So entsteht mit der Zeit ein ganz eigenes persönliches Rezeptbuch für Farbmischungen, Garnqualitäten und Farbbäder.

ROHWOLLE UND FÄRBEMITTEL

Rohwolle und Färbemittel zum Selbstfärben werden im Internet in einer Vielzahl kleinerer und größerer Shops angeboten. Wichtig ist immer, dass die Hersteller eine transparente Firmenphilosophie oder Zertifizierungen aufweisen, die den Standards für Tierwohl und Umweltschutz entsprechen.

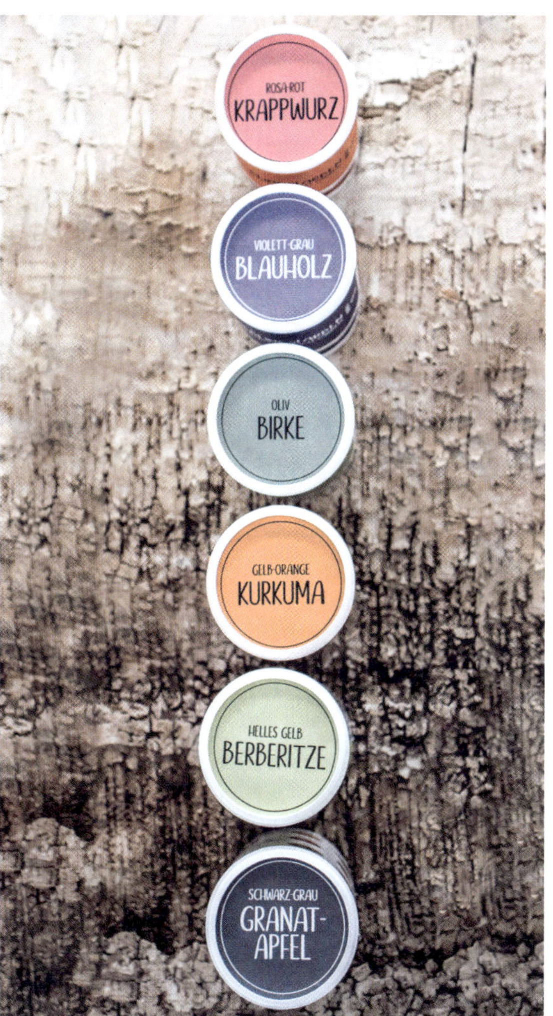

Die Firma Schmusewolle.de beispielsweise bietet auf ihrer Homepage ein breites Spektrum an gefärbten und ungefärbten Garnen zum Selbstfärben an. Die Firmenphilosophie setzt auf eine besonders umweltfreundliche Produktionskette. So beziehen die Hersteller ihre deutsche Wolle nur von ausgewählten Schäfern, setzen nach eigener Aussage auf besonders liebevolle Aufzucht, tierfreundliche Scherverfahren und umweltschonende Färbemethoden bei ihrer farbigen Wolle. Die Garne von Schmusewolle.de sind 100 Prozent mulesingfrei. In ihrem Internetshop bietet die Firma auch Farbstoffe und Hilfsmittel zum Selbstfärben an.

Fertig zusammengestellte Färbekits, die vorbereitete Färbeutensilien beinhalten, werden unter anderem auch von myboshi angeboten. Neben Alaunsalz zum Beizen enthält das Kit auch die bereits aufbereitete Färbepflanze. Selbst die Wolle ist im Set enthalten. Mit insgesamt sechs Farben bietet myboshi eine gute Grundpalette für erste Färbeexperimente, wie Helles Gelb (Berberitze), Oliv (Birke), Violett-Grau (Blauholz), Schwarz-Grau (Granatapfel), Rosa-Rot (Krappwurz) und Gelb-Orange (Kurkuma).

WOLLE FÄRBEN MIT LEBENSMITTELFARBEN

Skills: Anfänger, sehr leicht

Material

- 100 % Baumwolle oder Schurwolle im Strang, 50 g
- Lebensmittelfarben in Pulverform (z. B. Crazy Colors von Heitmann)
- Essig
- Topf
- Löffel/Pipette/Spritze ohne Kanüle

ANLEITUNG

Bevor Wolle gefärbt werden kann, muss man sie beizen. Dadurch spreizt sich die Schuppenschicht um die Faser wie bei einem Tannenzapfen auf, die Farbe kann besser eindringen, was sie haltbarer macht. Das Beizbad richtet man aus handwarmem Wasser mit reichlich Essig an. Ich nehme auf etwa 1 l Wasser 250 ml Essig. Darauf achten, dass sich die Wolle gänzlich vollsaugt. Luftlöcher bedeuten trockene Stellen, die fast oder gar keine Farbe annehmen. Die Wolle am besten über Nacht im Beizbad lassen.

Nach dem Beizen das Garn vorsichtig mit den Händen ausdrücken – nicht auswringen! Dann abtropfen lassen. Allerdings nicht zu lange – zum Färben muss die Wolle feucht sein.

Nun das Farbpulver anrichten. Dazu eignen sich kleine Schälchen oder Tassen aus Keramik am besten. Eine Spritze oder Pipette erleichtert das Auftragen der Farben, ein Löffel funktioniert aber auch.

Farbpulver in die Schüsselchen füllen, mit etwas Essigwasser anrühren und ein paar Trockenübungen auf Küchenrolle machen, bis die Farbe die gewünschte Tönung hat. Wenig Wasser und viel Farbe = kräftige Farbtöne. Mehr Wasser und wenig Farbe = zarte Farbtöne. Hier gibt es keine festgeschriebenen Rezepte, man kann ganz nach persönlichem Geschmack färben. Ich bevorzuge Pastelltöne. Die Farben können pur auf der Wolle aufgetragen werden oder vor dem Färben miteinander vermischt werden, was eine große Palette an Farbtönungen ermöglicht.

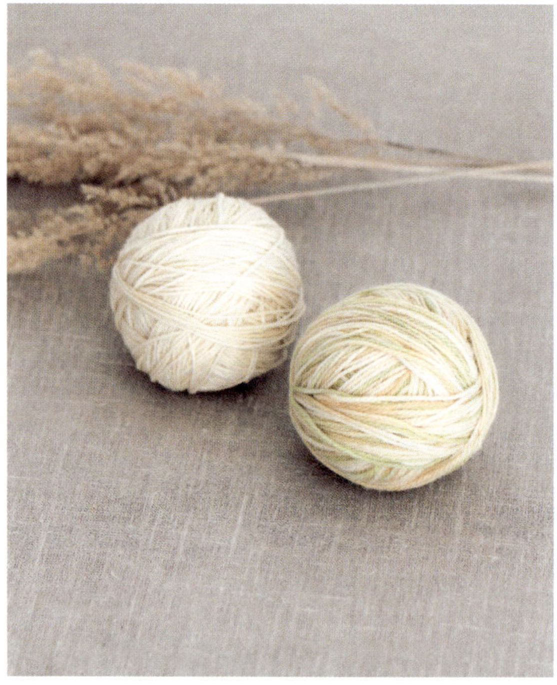

Zum Färben das abgetropfte Garn auf ein mit Backpapier ausgelegtes Backblech geben.

Einfarbige Wolle kann in ein Farbbad mit warmem Wasser gelegt werden, bis die Farbe eingesogen ist. Für Melangen die Farbe mit der Spritze, Pipette oder einem Löffel direkt auf den Garnstrang auftragen. Für Farbverlaufsgarn werden mehrere Farben in Abständen auf das Garn aufgebracht. Am Anfang vorsichtshalber sehr wenig Farbe auftragen, da die feuchte Wolle die Farbe innerhalb des Garnstrangs aufsaugt, die Farbe also „zieht" (wie bei einem Taschentuch, das man in etwas Wasser hält). Diese Eigenschaft der Wolle ist dann hilfreich, wenn man einen sanften Verlauf von Farbe zu Weiß oder Farbverläufe erzielen möchte. Für meine Farben und sanften Verläufe habe ich bewusst die einzelnen Farben mit etwas Weiß abgesetzt.

Nach Abschluss des Farbauftrags das Backblech mitsamt dem Garn zum Fixieren für ca. 45–60 Minuten bei 75 Grad Umluft in den Backofen schieben.

Nach dem Fixieren das gefärbte Garn unter handwarmem Wasser ausspülen. Nicht auswringen! Wolle filzt bei Reibung und Wärme. Vorsichtiges Ausdrücken genügt. Wenn das Spülwasser klar bleibt, ist auch das gefärbte Garn fertig.

Das Garn zum Trocknen auf einem alten Handtuch ausbreiten – Sonneneinstrahlung dabei vermeiden.

GARN

Ich habe naturweiße Wolle verwendet. Aber auch graue, beige oder bereits gefärbte Wolle kann überfärbt werden, solange die Ausgangsfarbe hell ist. Ähnlich wie beim Ostereierfärben ergibt es schöne Melangen und Farbabstufungen.

PFLEGE

Mein gefärbtes Garn wasche ich ganz normal im Wollwaschprogramm meiner Waschmaschine. Die Farben bleiben erhalten. Wem das zu unsicher ist, kann die Wolle vorsichtshalber von Hand waschen. Das Schöne am Färben mit Lebensmittelfarben: Es geht schnell, einfach und ist auch für Kinder geeignet. Man braucht nur Utensilien, die man ohnehin schon in der Speisekammer hat bzw. an die man leicht und ohne großen Geldaufwand herankommt.

FÄRBEN MIT NATÜRLICHEN MATERIALIEN

Färben mit Lebensmittelfarben hat den Vorteil, dass es schnell ist und die Farben ohne viel Mühe gemischt werden können. Es ist gut geeignet, um erste Versuche im Färben zu unternehmen. Wer aber intensiver in die faszinierende Welt des Färbens von Wolle und Stoffen eintauchen will, findet im Internet zahlreiche Anleitungen und Literatur zum Thema färben mit Pflanzen oder Früchten der Natur, die unbedingt lesenswert sind. Einfach ausprobieren!

NACHHALTIGE PFLEGE

Um lange Freude an den selbst gestrickten Stücken zu haben, gibt es ein paar Tipps, um sie schonend zu pflegen.

Selbst gestrickte Teile aus reiner Schurwolle müssen im Grunde nicht oft gewaschen werden. Da Wolle antibakteriell ist, halten sich unangenehme Gerüche nicht lange und oft genügt es, sie über Nacht an der frischen Luft auszulüften. Durch die natürliche Lanolinschicht, das Wollfett des Schafs, ist Wolle zudem wasser- und schmutzabweisend. Sobald der Morgentau getrocknet ist, kann die Wolle einfach etwas ausgeklopft oder an der betreffenden Stelle mit einem Baumwolltuch ganz sanft gerubbelt werden.

Doch nicht jedes Garn, das wir kaufen, enthält noch Lanolin. Um Wolle zu färben, muss das Lanolin entzogen werden, damit sich die Farbstoffe in den Fasern einlagern können. Industriell gefärbte Garnknäuel weisen daher kaum noch Lanolin auf und sind anfälliger für Verschmutzungen. Hier kann eine Lanolinkur Abhilfe schaffen. Reine ungefärbte Naturwolle fühlt sich etwas fettig an und hat einen charakteristischen Geruch. Da sich diese Schicht mit jeder Wäsche verringert, empfiehlt es sich, Kleidungsstücke von Zeit zu Zeit mit speziellen Lanolinwaschmitteln zu pflegen.

Kleidungsstücke, die direkt an der Haut getragen werden, wie z. B. Unterhemden, sollten nicht mit Lanolin behandelt werden. Die Fasern verlieren sonst die wolltypische Fähigkeit, Feuchtigkeit aufzunehmen, ohne sich nass anzufühlen. Diese Kleidungsstücke halten den Körper warm und trocken. Pullover, Mützen oder Wolljacken, die vor schlechtem Wetter schützen sollen, sollten dagegen mit Lanolin gepflegt werden, da sie Schmutz und Feuchtigkeit nicht aufnehmen, sondern abweisen sollen. Im gut sortierten Bioladen finden wir eine Auswahl biologischer Waschmittel, Lanolinpflege und umweltschonende Alternativen, die die Abwasserbelastung reduzieren.

Wer auf nachhaltige Wolle setzt, sollte beachten, dass leicht waschbare Wolle mit Superwash-Ausstattung in der Produktion mit einer dünnen, glatten Kunststoffschicht überzogen wurde. Diese Behandlung verhindert, dass sich die Schuppenschicht der Wollfasern während der Wäsche aufspreizt und somit verfilzt. Superwash-Garne sind also streng genommen Kunstfasern mit Naturfaserkern, die weniger filzanfällig sind und sich bis zu einer bestimmten Temperatur auch in der Waschmaschine reinigen lassen.

Baumwolle und Recyclinggarne sind in der Regel noch leichter zu pflegen als Wolle. Bevor ein Garn auf den Markt kommt, testen die Hersteller es in den unterschiedlichsten Situationen, so auch in der Pflege und Wäsche. Daher ist es ratsam, bei jedem Garn, ganz gleich ob tierische oder pflanzliche Faser, die Banderole und die Herstellerhinweise zu beachten. Angegeben sind meist die Art und Temperatur der Wäsche sowie empfohlene Nachbehandlungen, wie Hinweise zu Trocknung oder Bügeln.

WASCHEN

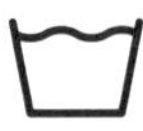

Zahlen in diesem Symbol stehen für die einzustellende Waschtemperatur. 1–3 Punkte können diese ebenfalls anzeigen.

Nur von Hand waschen.

Der Strich steht für den Schonwaschgang. Zwei Striche bedeuten Spezial-Schonwaschgang.

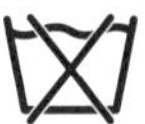

Nicht waschen.

Reinigung mit Perchlorethylen, Kohlenwasserstoff, R113- oder R11-Lösungen (chemische Reinigung durch Fachpersonal).

Reinigung mit R113- und Kohlenwasserstofflösungen (ebenfalls durch Fachpersonal).

Nicht chemisch reinigen (= Trockenreinigung).

Nicht bleichen.

SONSTIGES

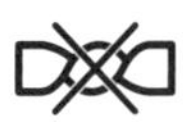

Nicht auswringen.

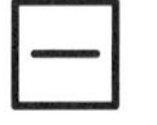

Liegend trocknen. Das Kleidungsstück darf nicht nass aufgehängt werden.

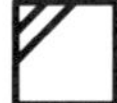

Im Schatten trocknen lassen, nicht bei direkter Sonneneinstrahlung.

TROCKNEN

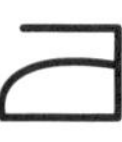

Es darf gebügelt werden, ggf. auf die einzustellende Temperatur achten (es können konkrete Zahlen oder auch 1–3 Punkte abgebildet sein).

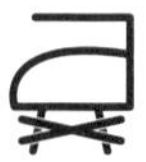

Es darf nicht mit Dampf gebügelt werden.

Nicht bügeln.

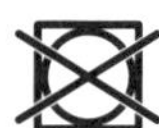

Nicht im Trockner trocknen.

WEITERE PFLEGEHINWEISE

- **kleine Flecken punktuell behandeln**
- **nicht über 30 Grad waschen**
- **falls vorhanden, das Wollprogramm benutzen**
- **bei Handwäsche nicht schrubben und das Wasser auch nicht auswringen, stattdessen vorsichtig ausdrücken**
- **nicht in den Trockner geben**
- **nicht aufhängen, sondern flach auf einem Handtuch ausgebreitet auf den Wäscheständer legen**
- **nicht über einer Heizung oder in der prallen Sonne trocknen**

STRICKEN – BASICS

Vom Maschenanschlagen bis zum Fadenvernähen – hier findest du die wichtigsten Techniken, um die Projekte in diesem Buch umzusetzen.

KREUZANSCHLAG

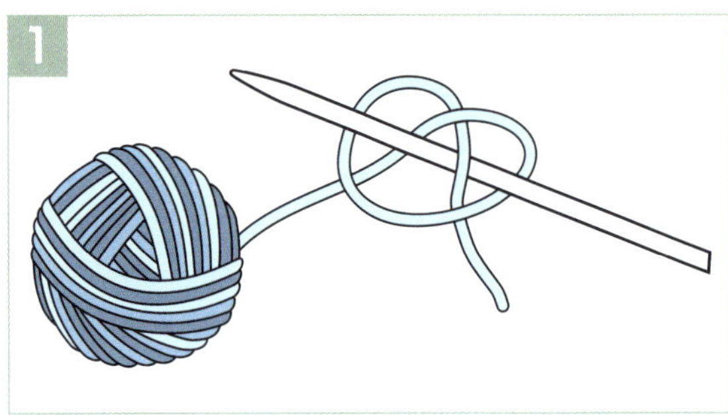

Zunächst auf der rechten Nadel eine Grundschlinge bilden. Das Fadenende sollte dabei etwa 3x so lang sein wie die gewünschte Anschlagskante – bei dickerem Garn etwas mehr, bei dünnerem etwas weniger.

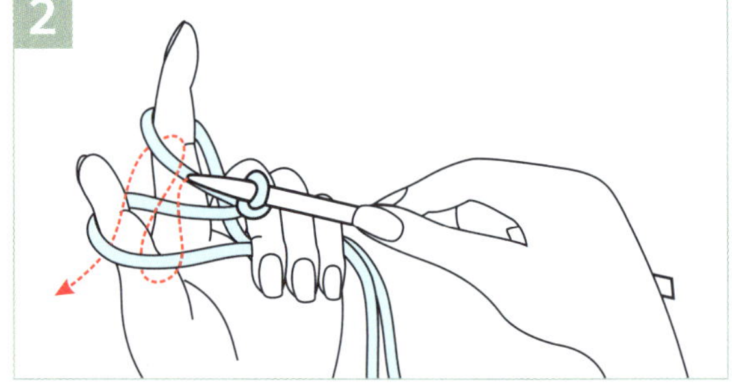

Den Arbeitsfaden über den Zeigefinger führen, das Garnende über den Daumen legen. Die Nadel unter den linken Daumenfaden führen, dann über den linken Zeigefingerfaden und diesen als Schlaufe durch beide Daumenfäden hindurch nach vorne ziehen.

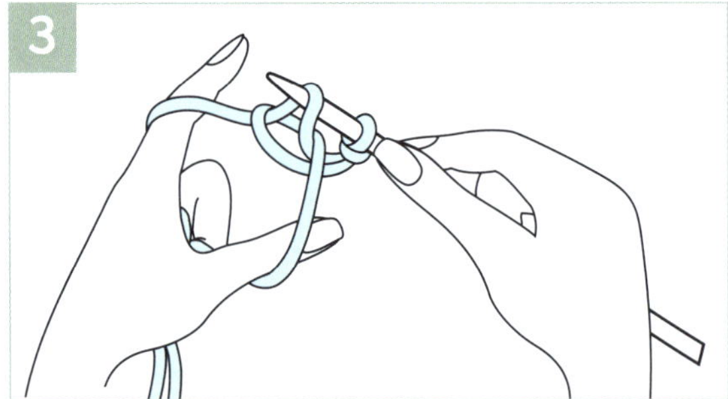

Die entstandene Masche auf der Nadel anziehen und die Fäden wieder auf Daumen und Zeigefinger legen. Schritt 2 und 3 laufend wiederholen.

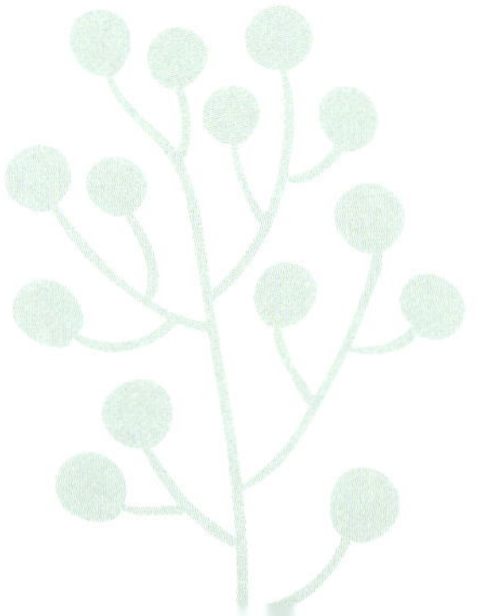

RECHTE MASCHEN

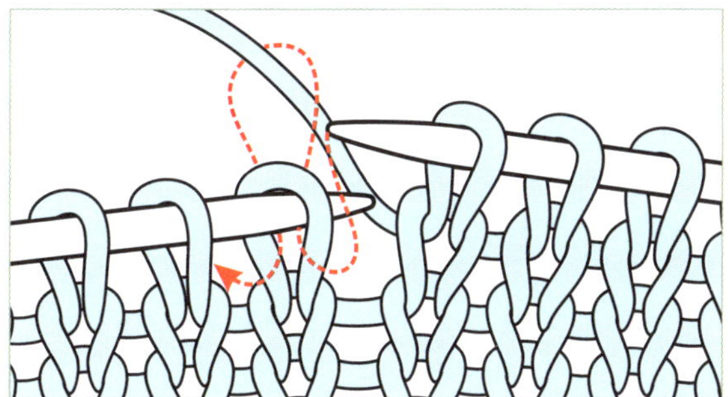

Für eine rechte Masche mit der rechten Nadel von vorn in die nächste Masche auf der linken Nadel einstechen. Dann den Arbeitsfaden von oben ergreifen und durch die Masche ziehen. Die neue Masche befindet sich auf der rechten Nadel, die ursprüngliche Masche lässt du von der linken Nadel gleiten.

Kontrolle: Die neue Masche liegt so auf der Nadel, dass der rechte Maschenschenkel vorn und der linke Maschenschenkel hinten liegt.

LINKE MASCHEN

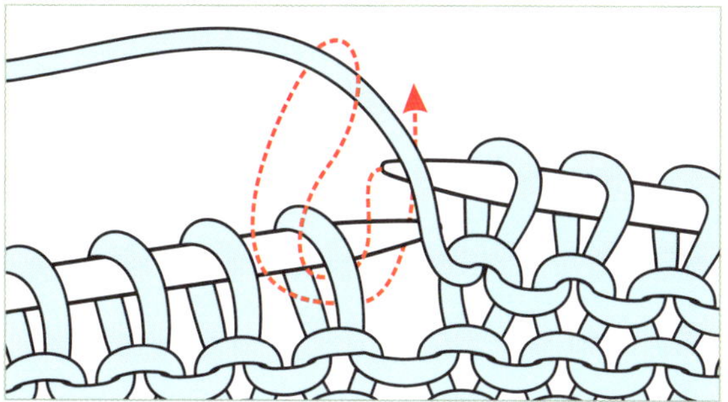

Für linke Maschen den Arbeitsfaden vor der Arbeit legen. Stich mit der rechten Nadel von rechts in die nächste Masche auf der linken Nadel ein. Den Arbeitsfaden von oben nach unten um die Nadel herumlegen und die Nadel zusammen mit der neuen Masche durchholen. Die ursprüngliche Masche lässt du von der linken Nadel gleiten.

Kontrolle: Die neue Masche liegt so auf der Nadel, dass der rechte Maschenschenkel vorn und der linke Maschenschenkel hinten liegt.

VERBINDEN UND FARBWECHSEL STRICKEN

Strickst du in Runden, setze den neuen Faden möglichst an einer Stelle an, die später beim Tragen weniger sichtbar ist. Möchtest du den Farbwechsel über nur wenige Reihen stricken, kannst du den jeweils andersfarbigen Faden am Rand mitführen, ohne ihn bei jedem Wechsel von Neuem anzusetzen.

GARN NEU ANSETZEN

Ist ein Knäuel aufgebraucht oder möchtest du eine neue Farbe ansetzen, achte darauf, die beiden Garnenden mindestens 10 cm lang zu lassen, um sie später leichter vernähen zu können.

Faden hängen lassen und später vernähen

Verbinde das neue Garn mit einem leichten Knoten mit dem bisherigen Garn. Schiebe diesen Knoten bis an den Reihenanfang und strick nun mit dem neuen Faden weiter. Später löst du den Knoten wieder und vernähst beide Fäden am Rand des Gestricks (siehe Abb. rechts).

Wenn du in Runden strickst, gibt es keinen Rand. Nimm den Fadenwechsel in diesem Fall an einer später weniger sichtbaren Stelle vor.

TIPP

Es gibt verschiedene Möglichkeiten, um herauszufinden, ob der vorhandene Rest des aktuellen Knäuels noch für eine weitere Reihe ausreicht. Lege das Strickstück flach hin und führe den Restfaden 4 x entlang der zu strickenden Reihe hin und her. Reicht seine Länge dafür aus, sollte eine weitere Reihe möglich sein. Kompliziertere Muster könnten allerdings mehr Garn verbrauchen. Alternative: Markiere den Restfaden in seiner Mitte mit einem leichten (lösbaren!) Knoten und strick eine Reihe. Hast du am Ende der Reihe den Knoten noch nicht erreicht, kannst du getrost eine weitere Reihe stricken. Andernfalls setzt du nun das neue Knäuel an.

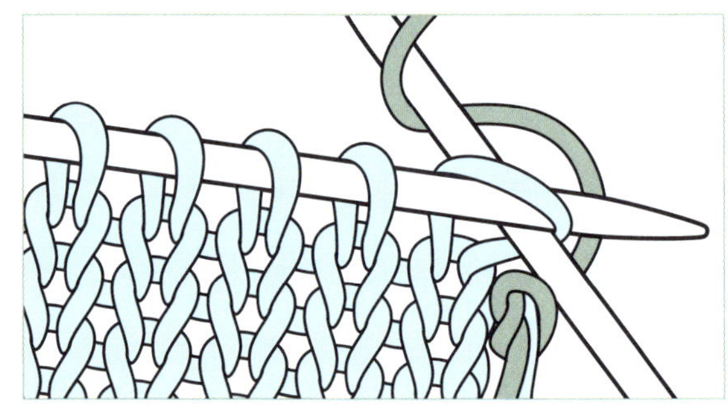

FARBWECHSEL IN RUNDEN

Bei Farbwechseln in Runden entstehen beim Rundenwechsel unschöne Farbabsätze (sogenannte „Treppchen"), die du mit dem folgenden Trick verhindern kannst.

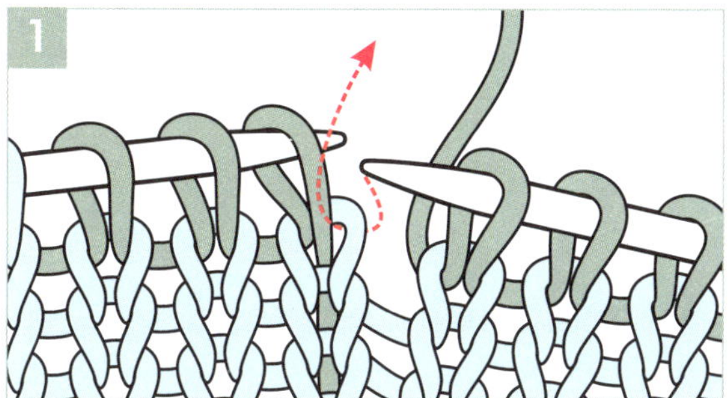

Strick die erste Runde mit der neuen Farbe.

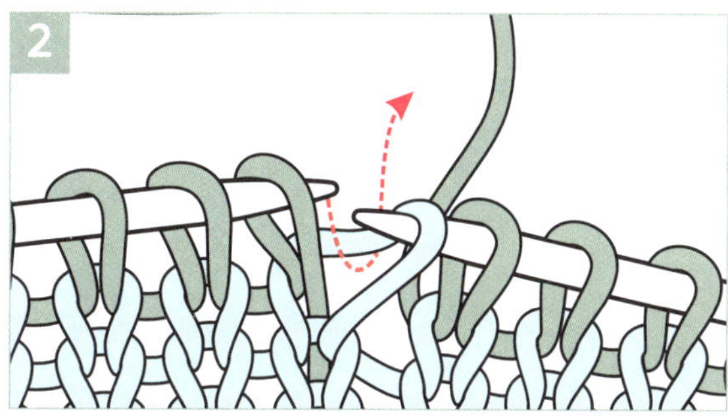

Zu Beginn der zweiten Runde hebe aus der Vorreihe die Masche, die unter der ersten Masche liegt, hoch auf die linke Nadel …

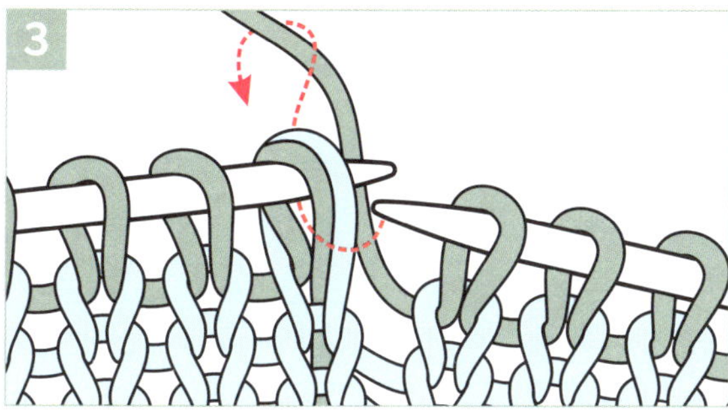

… und strick sie mit der ersten Masche der zweiten Runde zusammen.

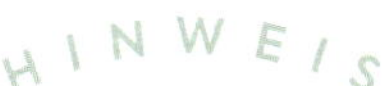

HINWEIS

Auch beim Farbwechsel in Runden kannst du den nicht genutzten Faden auf der Rückseite mit nach oben führen. In diesem Fall können die Farbwechsel sogar weniger häufig stattfinden. Verkreuze die Fäden dabei in jeder Runde, um Schlaufen auf der Rückseite zu verhindern.

ABGEHOBENE MASCHEN

EINE MASCHE RECHTS ABHEBEN

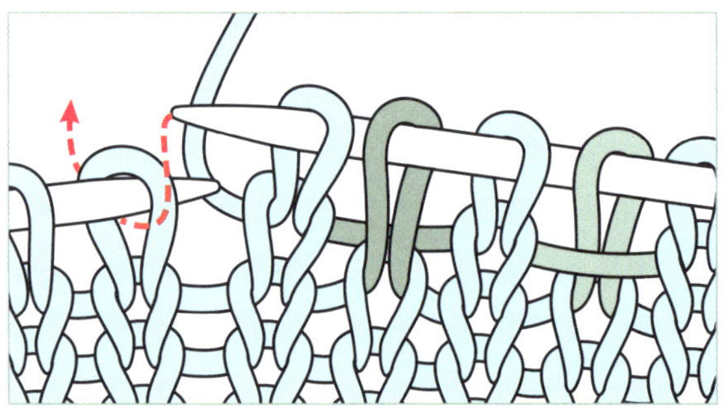

Hebe eine Masche rechts ab, indem du wie zum Rechtsstricken in die Masche einstichst, sie aber ungestrickt auf die rechte Nadel hebst. Die hellgrüne Masche und die dunkelgrüne Masche wurden beide abgehoben, einmal mit dem Faden vor der Arbeit und das andere Mal mit dem Faden hinter der Arbeit. Du erkennst, dass die Maschen rechts abgehoben wurden, daran, dass der rechte Maschenschenkel nun hinter der Nadel liegt.

EINE MASCHE LINKS ABHEBEN

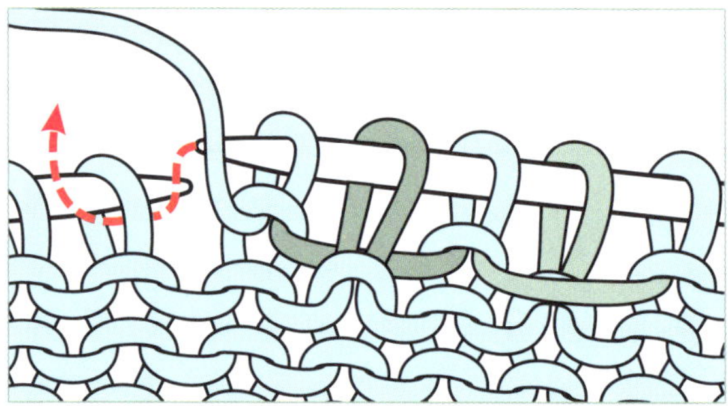

Hebe eine Masche links ab, indem du wie zum Linksstricken in die Masche einstichst, sie aber ungestrickt auf die rechte Nadel hebst. Auch hier wurden die hellgrüne und die dunkelgrüne Masche mit dem Faden vor bzw. hinter der Arbeit abgehoben. Du erkennst, dass die Maschen links abgehoben wurden, daran, dass der rechte Maschenschenkel vor der Nadel liegt.

UMSCHLÄGE

Für einen Umschlag führe den Arbeitsfaden um die rechte Nadel, bevor du die kommende Masche abstrickst. Umschläge werden für Lochmuster sowie für Maschenzunahmen verwendet.

ZWISCHEN ZWEI RECHTEN MASCHEN

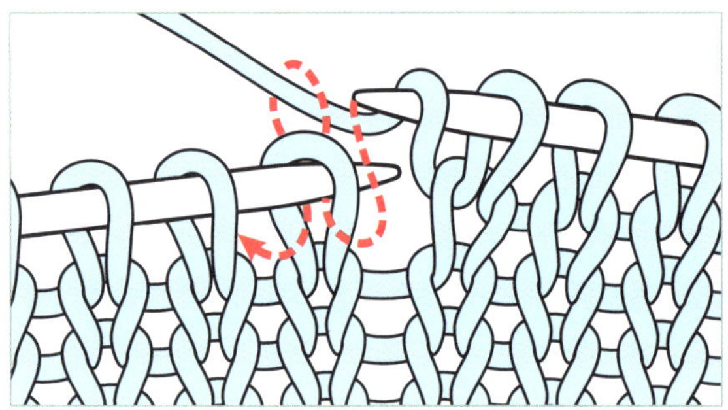

Lege den Arbeitsfaden von vorn über die rechte Nadel und strick die folgende Masche normal rechts ab.

ZWEI MASCHEN AUS EINER MASCHE RECHTS HERAUSSTRICKEN

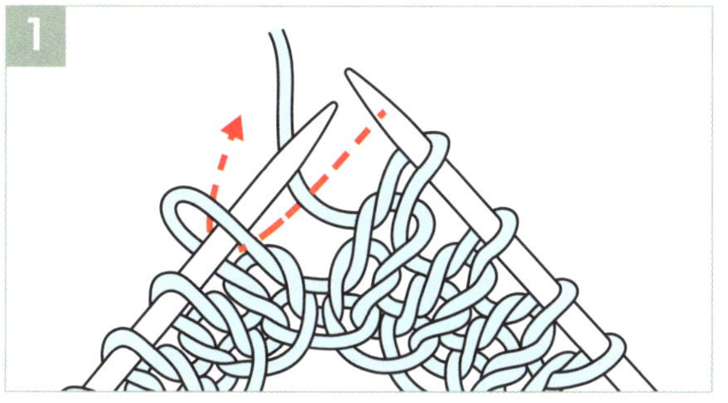

Mit der rechten Nadel wie zum Rechtsstricken in die nächste Masche einstechen …

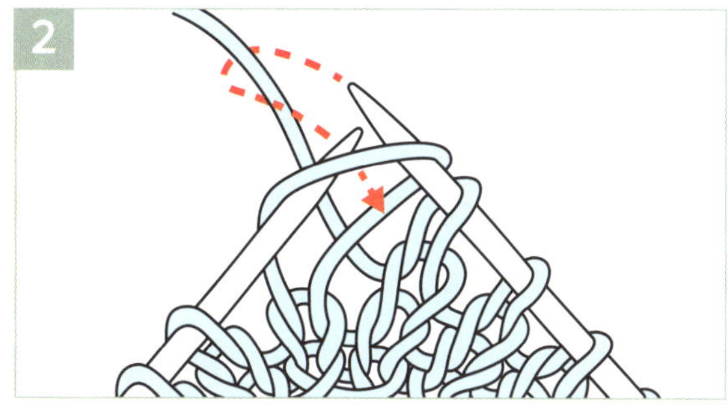

… und den Faden durchholen.

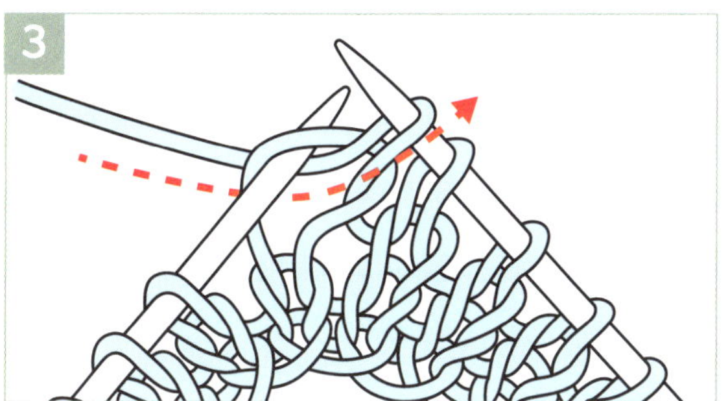

Die Masche aber noch nicht von der Nadel gleiten lassen, …

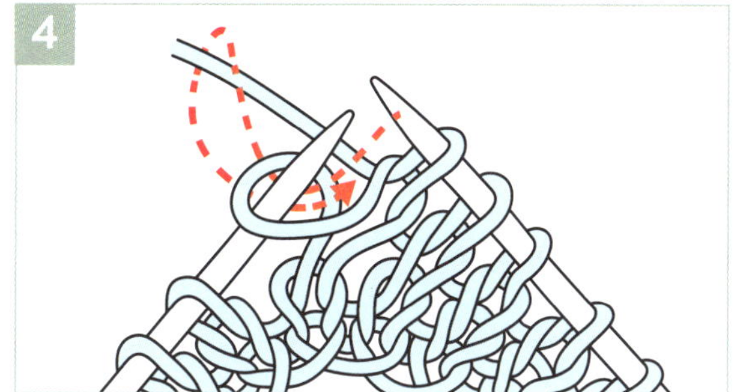

… sondern noch einmal verschränkt (also durch den hinteren Maschenschenkel) stricken.

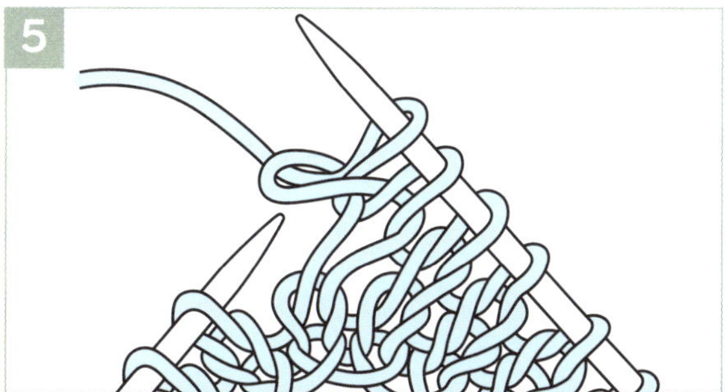

Die Masche dann von der linken Nadel gleiten lassen.

NACH RECHTS GENEIGTE ABNAHME

Diese Abnahme erscheint im Gestrick nach rechts geneigt.

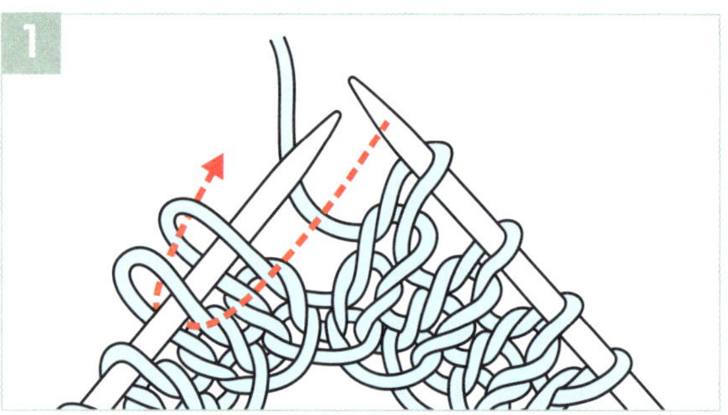

Führe die rechte Nadel von links nach rechts erst durch die übernächste, dann durch die nächste Masche auf der linken Nadel.

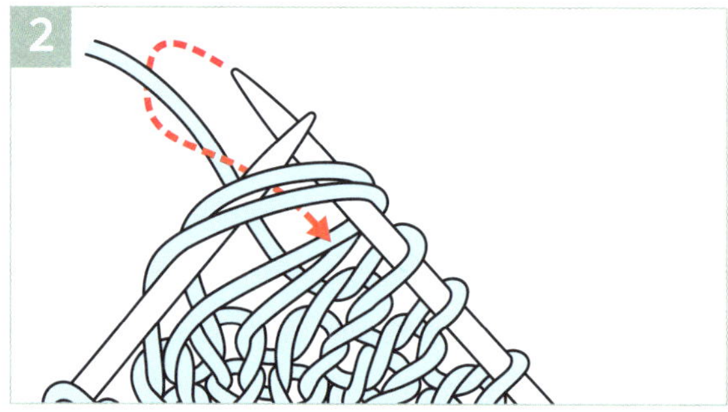

Hol den Arbeitsfaden wie zum Rechtsstricken durch.

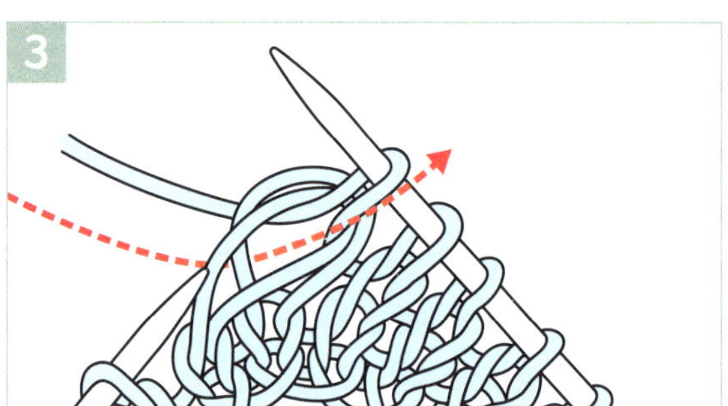

Lass beide Maschen von der linken Nadel gleiten. Auf diese Weise kannst du natürlich auch drei oder mehr Maschen zusammenstricken.

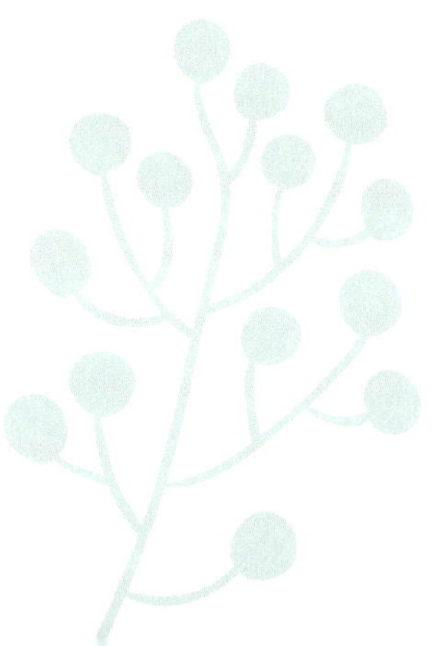

ABKETTEN DURCH ÜBERZIEHEN

Die einfachste Form des Abkettens ist das Abketten durch Überziehen. Diese Methode ist für rechte und linke Maschen gleichermaßen anwendbar.

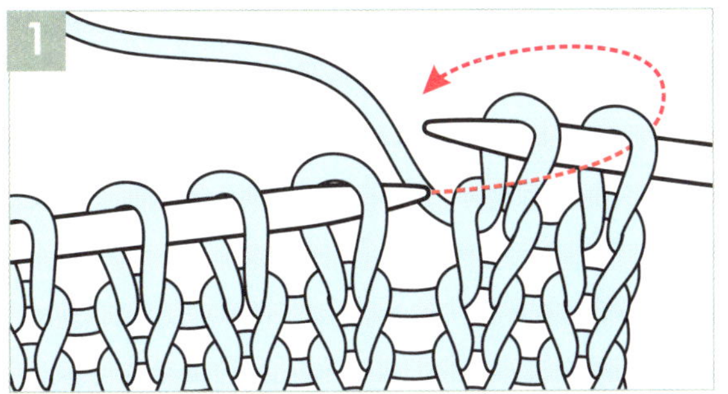

Strick die ersten beiden Maschen rechts und stich anschließend mit der linken Nadel von links in die zuerst abgestrickte Masche.

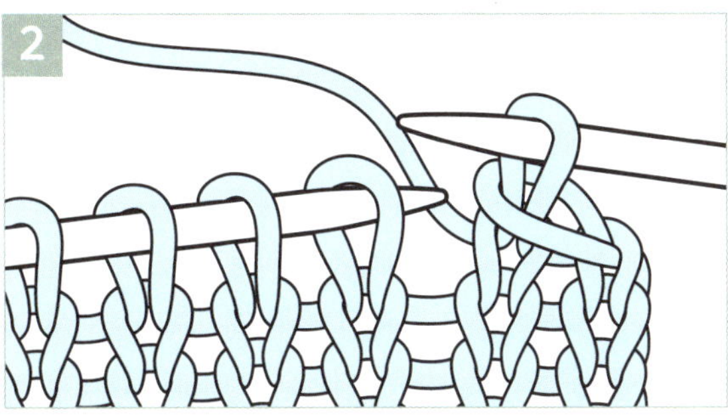

Zieh diese Masche über die links neben ihr und lass die übergezogene Masche von der Nadel gleiten. Eine Masche wurde abgekettet. Strick die nächste Masche rechts und zieh erneut die Masche rechts von ihr über.

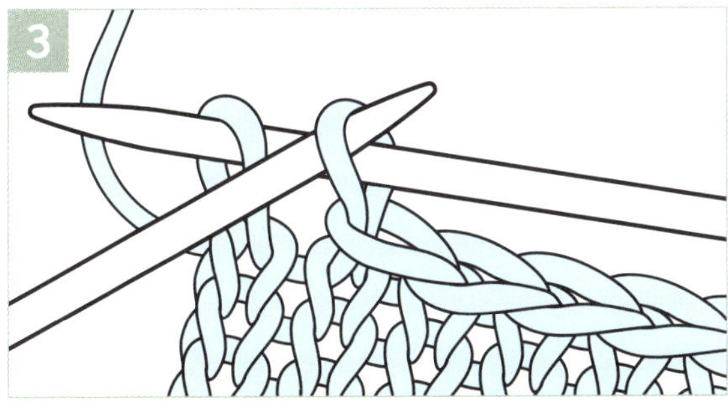

Wiederhole diesen Vorgang bis zum Ende der Reihe. Dort ziehst du das Fadenende durch die letzte Masche, lässt es beim Abschneiden aber gut 10 cm lang, damit du es später problemlos vernähen kannst.

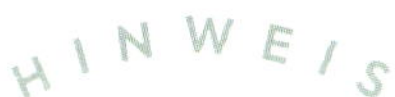

Das Abketten linker Maschen oder im Muster erfolgt nach demselben Prinzip. Die Maschen werden dabei stets so gestrickt, wie sie erscheinen, rechte Maschen also rechts, linke Maschen links.

FÄDEN VERNÄHEN

Am Ende des Strickprojekts müssen alle Fäden vernäht werden, die durch Farb- oder Knäuelwechsel während der Arbeit hängen geblieben sind. Es erleichtert das saubere Vernähen, wenn diese Fäden nach dem Anschlagen, Abketten oder Garnwechsel nicht zu kurz abgeschnitten, sondern mindestens 10 cm lang gelassen werden.

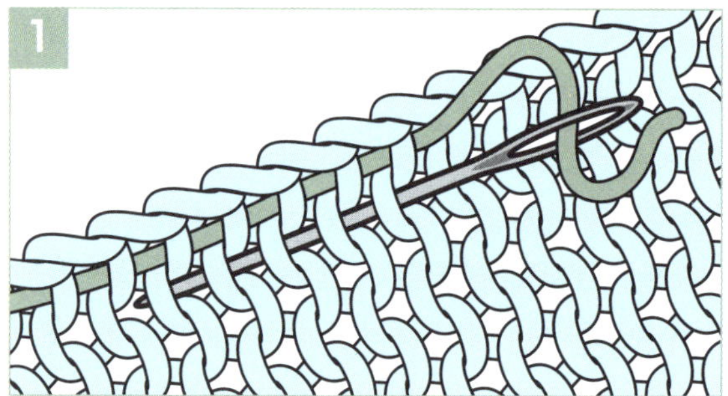

Vernähe die Fäden möglichst am Rand des Strickstücks.

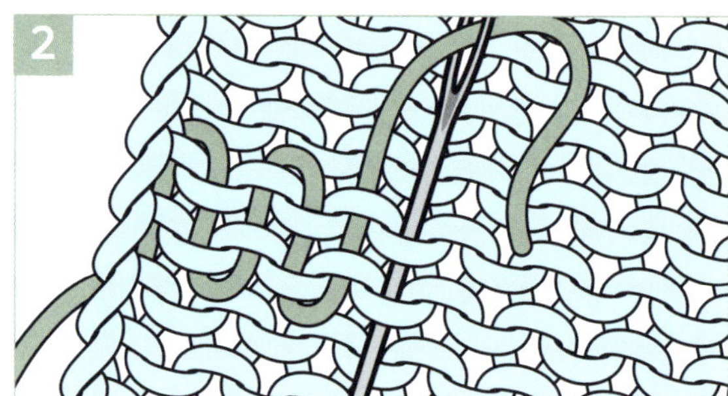

Solltest du dennoch einmal im Gestrick vernähen müssen, zieh den Faden zunächst auf die Rückseite. Vernähe ihn dort in schlangenförmigem Verlauf.

MASCHENSTICH – MASCHE AN MASCHE

Mithilfe des Maschenstichs (auch Strickstich) können zwei Kanten unsichtbar aneinandergenäht werden. Der Maschenstich bildet eine gestrickte Masche nach und kann sowohl an offenen als auch an geschlossenen Kanten ausgeführt werden. Teile, die im Maschenstich miteinander verbunden wurden, sehen aus, als wären sie in einem Stück gestrickt worden. Also fast nahtlos.

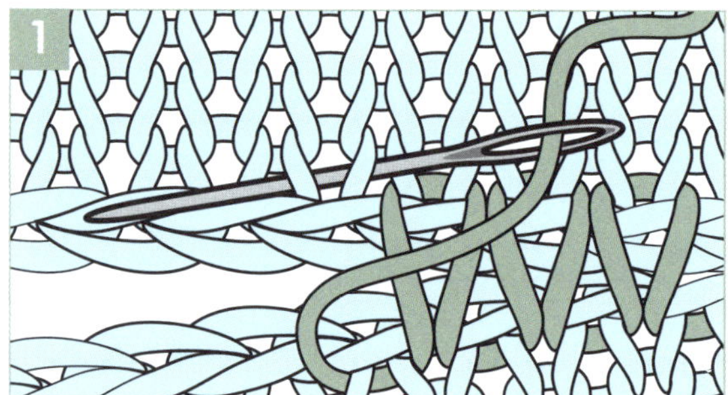

Maschenstich an geschlossenen Kanten: Arbeite von rechts nach links. Stich zuerst von hinten in die Mitte der unteren ersten Masche. Führe die Nadel unter beiden Maschengliedern der darüberliegenden Masche des oberen Teils durch. Stich von oben in die Mitte der ersten unteren Masche und führe die Nadel vorn aus der Mitte der links danebenliegenden Masche heraus. Die Maschenschenkel der darüberliegenden Masche ergreifen und so bis zum linken Rand weiterarbeiten.

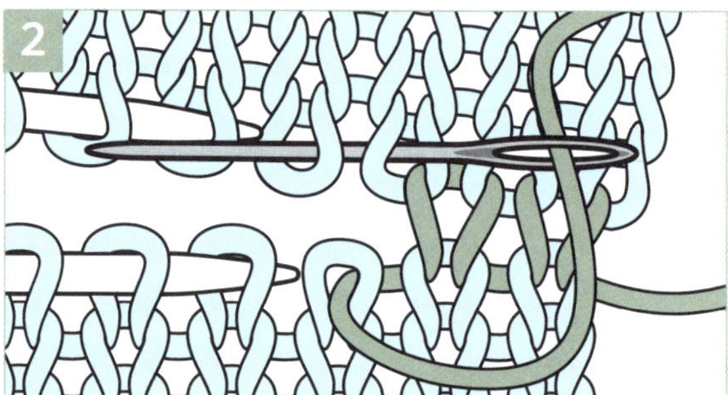

Maschenstich an offenen Kanten: Führe die Nadel abwechselnd unten und oben durch je zwei nebeneinanderliegende Maschen, indem du jeweils von oben in die rechts liegende und von unten in die links danebenliegende Masche einstichst. Arbeite dich von rechts nach links vor.

ABKÜRZUNGEN

abk – abketten

abn/Abn – abnehmen/Abnahme(n)

anschl/Anschl – anschlagen/Anschlag-

Fb – Farbe

LL – Lauflänge

M – Masche(n)

Nd – Nadel(n)

QF – Querfaden

R – Reihe(n)

Rd – Runde(n)

str – stricken

U – Umschlag/Umschläge

wdh – wiederholen

zun/Zun – zunehmen/Zunahme(n)

zus – zusammen

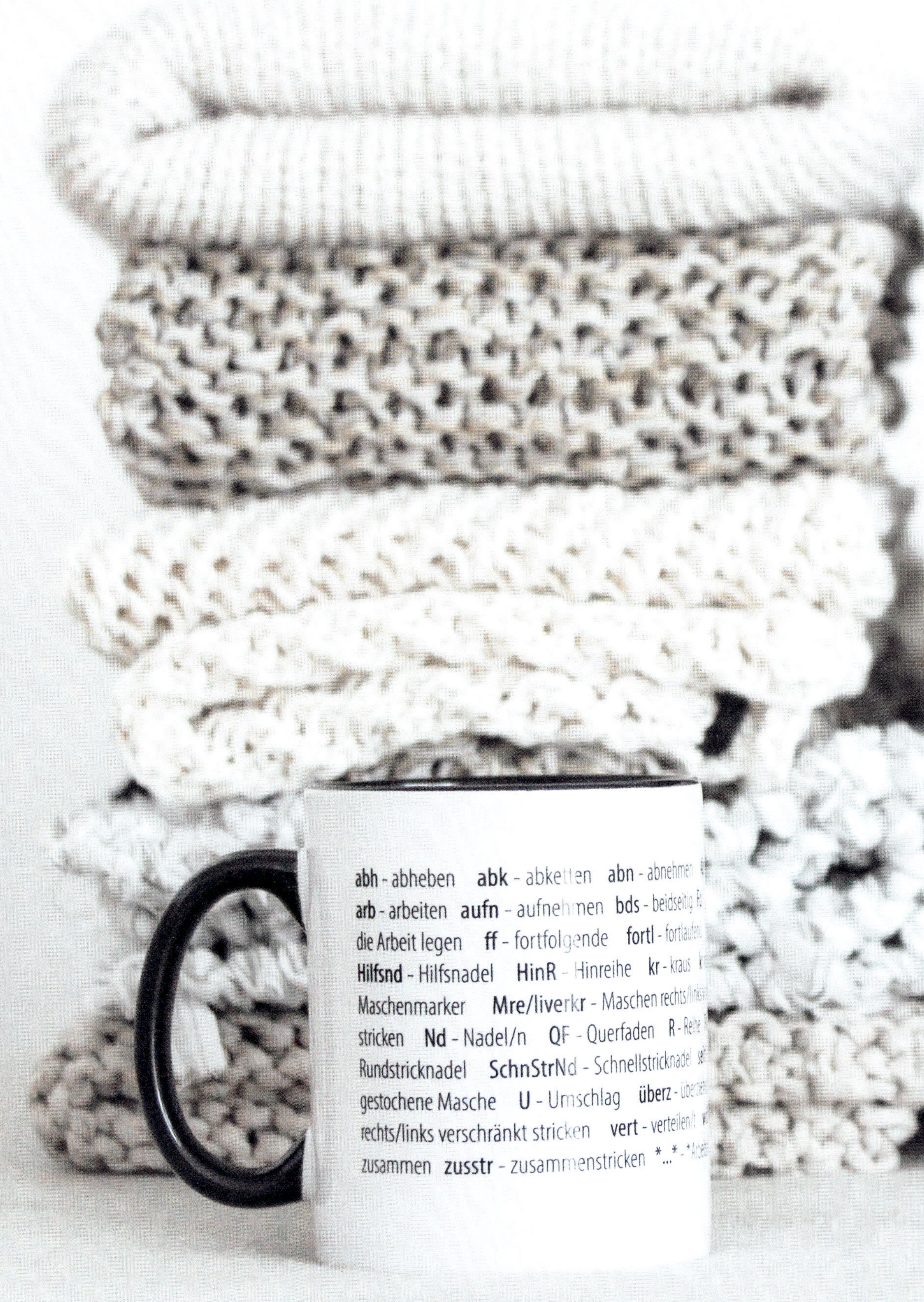
abh - abheben abk - abketten abn - abnehmen
arb - arbeiten aufn - aufnehmen bds - beidseitig
die Arbeit legen ff - fortfolgende fortl
Hilfsnd - Hilfsnadel HinR - Hinreihe kr - kraus
Maschenmarker Mre/liverkr - Maschen rechts/links
stricken Nd - Nadel/n QF - Querfaden R - Reihe
Rundstricknadel SchnStrNd - Schnellstricknadel
gestochene Masche U - Umschlag überz
rechts/links verschränkt stricken vert
zusammen zusstr - zusammenstricken

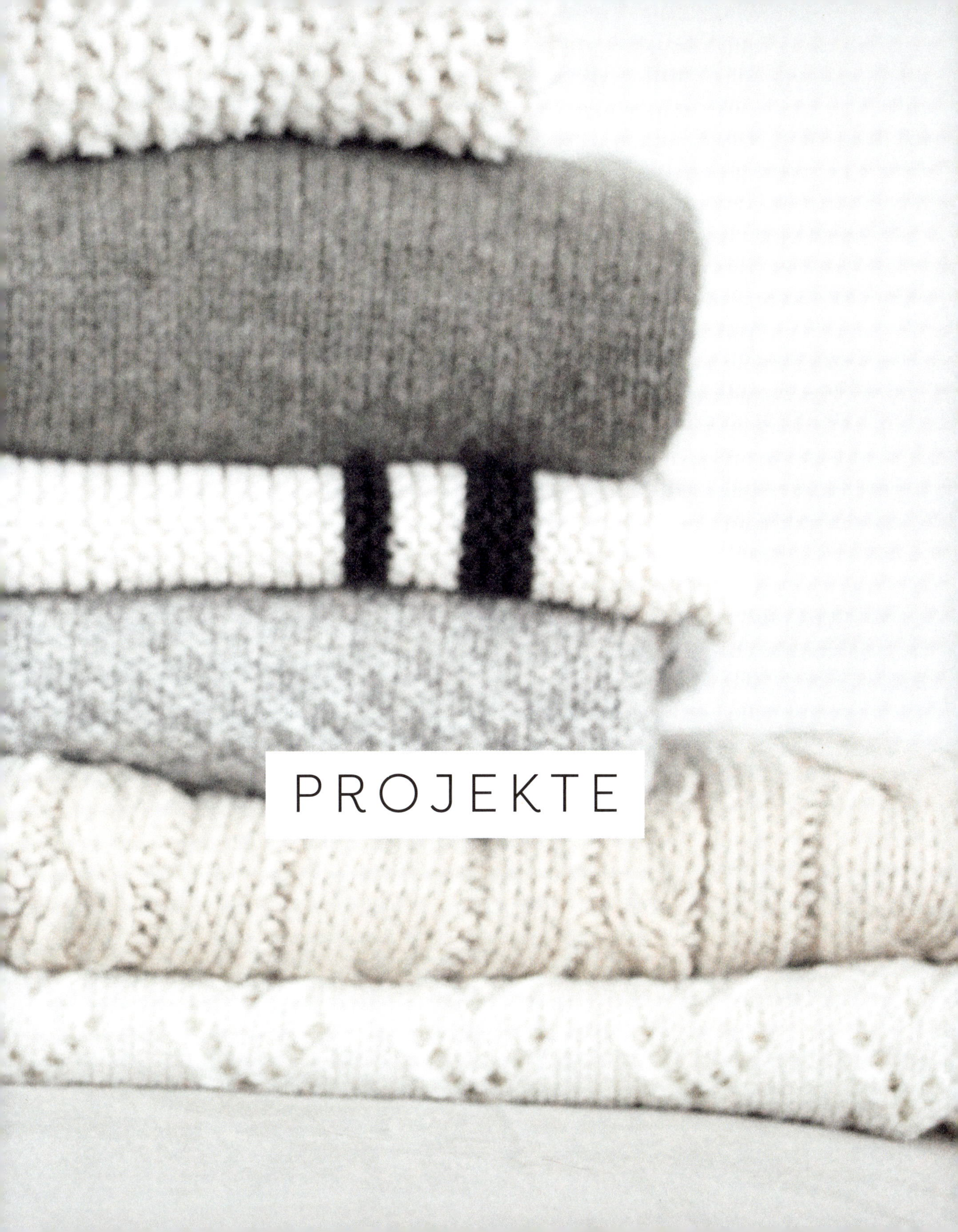

PROJEKTE

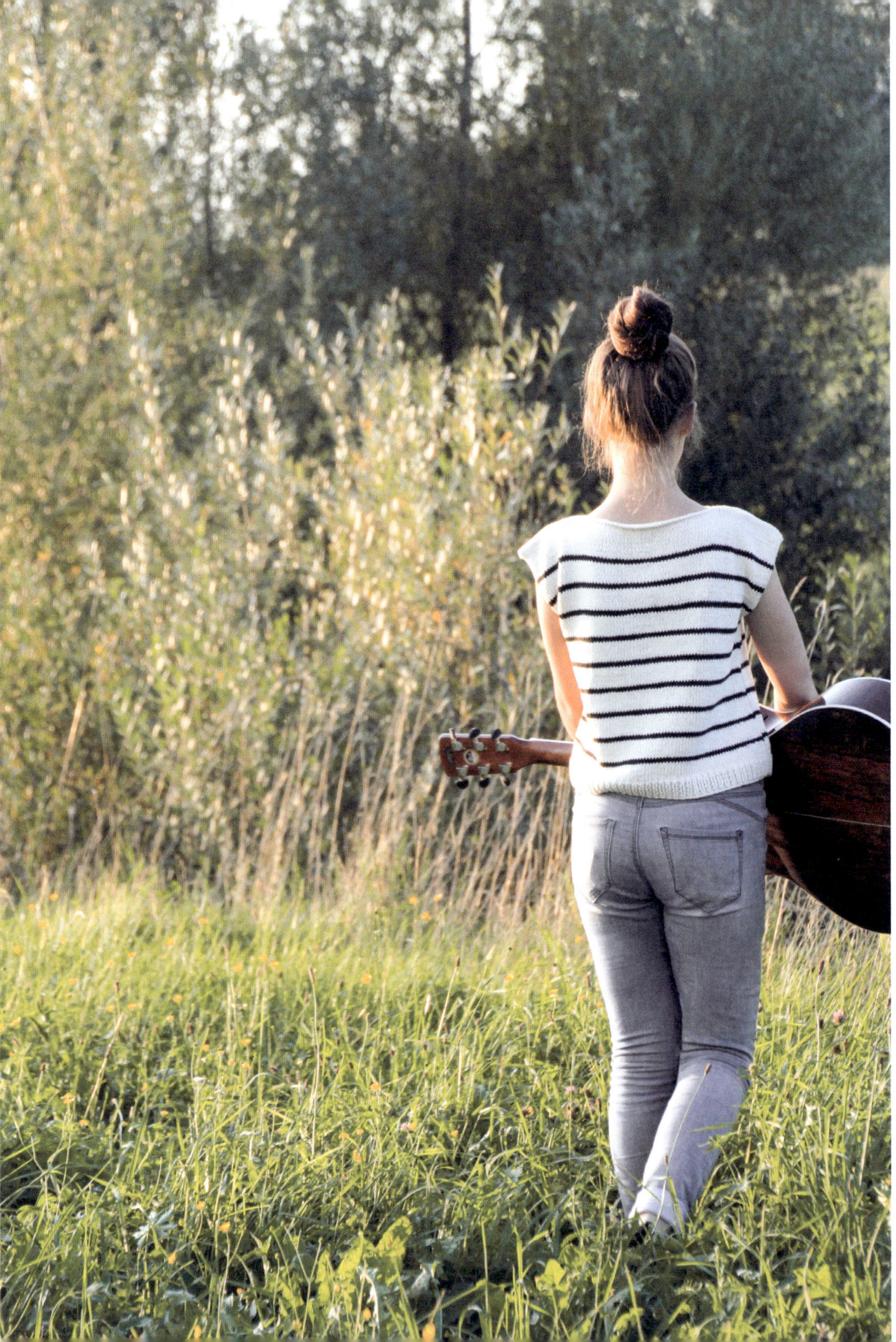

ALLTAG

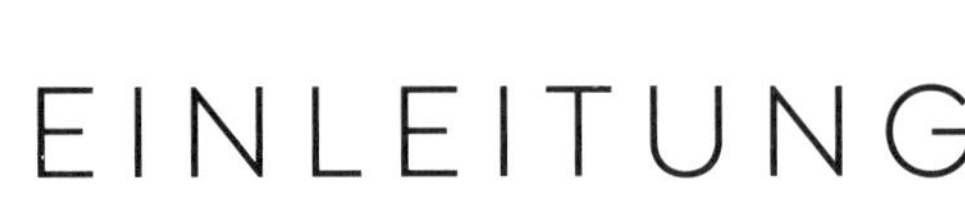

EINLEITUNG

Für unser Wohlbefinden ist es wichtig, den Alltag abseits von Verpflichtungen bewusst zu gestalten, Freiräume zum Innehalten und Zeit für uns und unsere Lieben zu schaffen, die Natur zu genießen, in ihr Erholung zu finden. Die Natur schenkt uns so vieles, das wir wertschätzen.

Die ersten warmen Sonnenstrahlen im Frühling, ein Sonnenuntergang im Sommer, das Rascheln des Herbstlaubs, der erste Schnee, Bäume, die im Wind rauschen, das Geräusch von Regentropfen an der Fensterscheibe, das Zwitschern der Vögel, die Stille des Waldes – Natur im Alltag ist etwas Wunderschönes. Hier tanken wir auf, hier können wir uns nach oft stressigen und hektischen Momenten ausruhen, innehalten, zur Ruhe kommen, erholen. Wann immer es mir möglich ist, versuche ich, mir die Zeit zu nehmen, um bewusst ein paar Augenblicke in mich und die Umgebung um mich herum hineinzuspüren und die Gedanken wandern zu lassen. Wir halten uns gerne im Freien auf, arbeiten im Garten, fahren mit dem Rad an den See oder gehen mit dem Hund spazieren. Deswegen entwarf ich für heiße Sommertage ein luftiges Basic-Ringelshirt aus reiner Bio-Baumwolle im maritimen Style. Für kühle Regentage einen strapazierfähigen wärmenden Cowl aus recyeltem T-Shirt-Garn, der stürmischen Spaziergängen mit dem Hund trotzt. Zum Einkaufen, Baden und den täglichen Gebrauch entwarf ich einen Rucksack, für den ich ein Ledermuster aus der aussortierten Musterkollektion eines Möbelhauses wiederverwendete. Und damit im Rucksack alles an seinem Platz bleibt, strickte ich noch ein minimalistisches Mäppchen für die alltäglichen Kleinigkeiten.

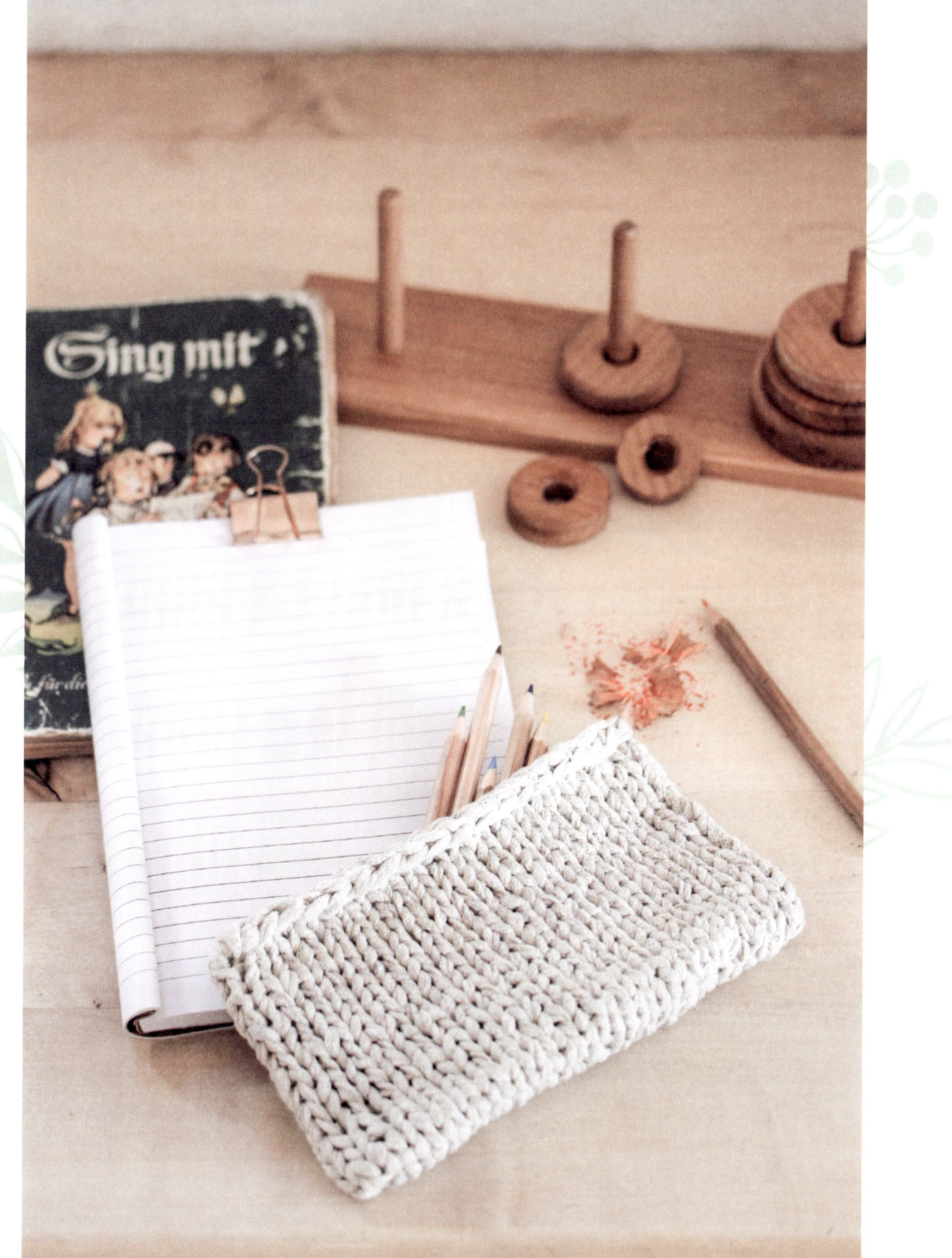
Sing mit

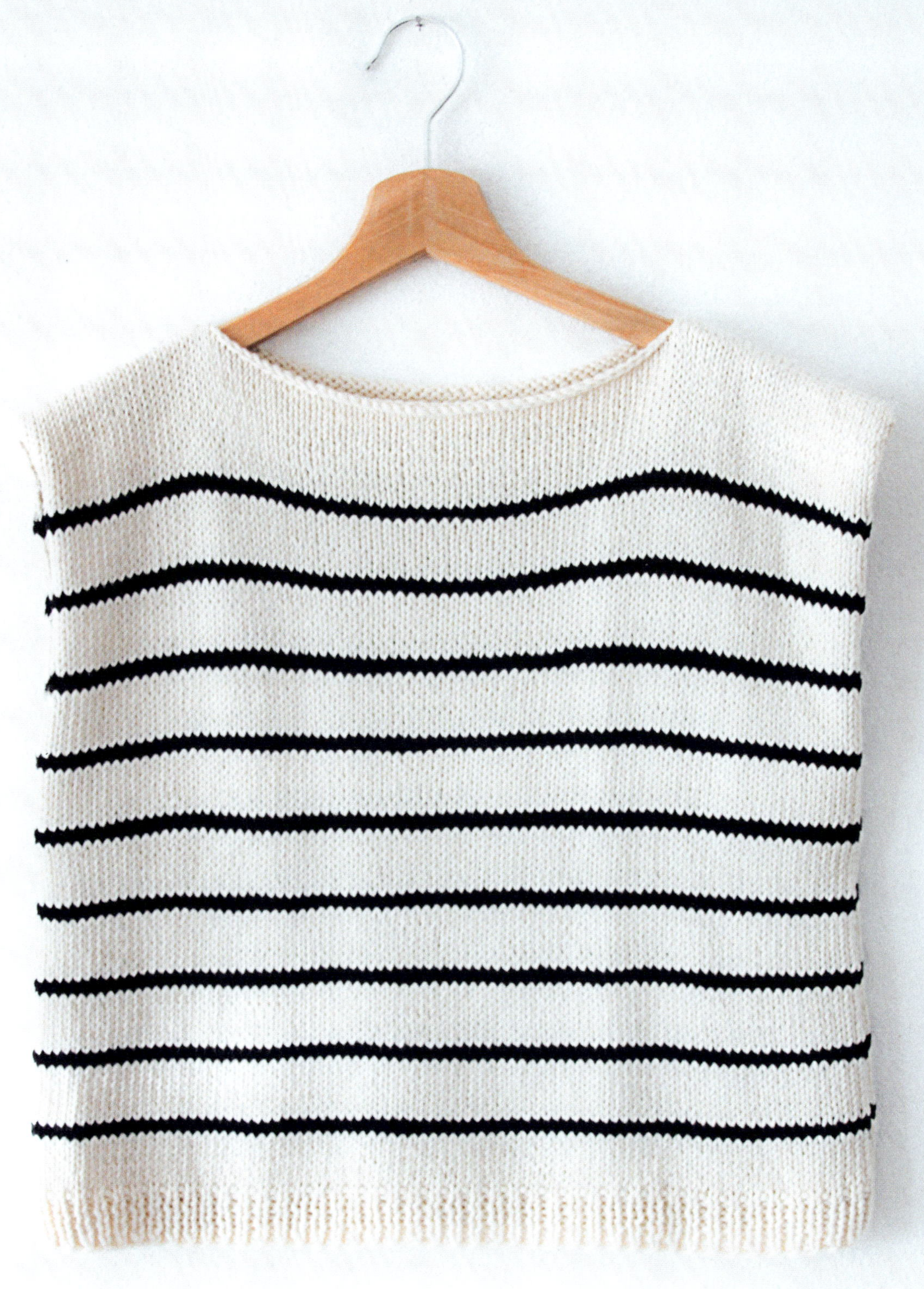

BASIC-SHIRT

Skills: Anfänger, sehr leicht

Das Basic-Shirt ist schnell und leicht gestrickt. Es besteht aus zwei glatt rechts gerade hoch gestrickten Teilen, die nach Fertigstellung einfach an den Seiten sowie an den Schultern zusammengenäht werden. Der Schnitt des Shirts ist leicht oversized in lockerer Passform und kurz, sodass es gut zu High-waist-Hosen und Röcken *tucked in* getragen werden kann. Die Streifen geben ihm einen locker-lässigen Look, den ich im Sommer so gern mag. So lässt sich der Sonnenuntergang barfuß auf der Wiese genießen.

GRÖSSE S, M, L

Material

- Lana Grossa Linea Pura Organico (100 % Bio-Baumwolle, LL ca. 90 m/50 g) in Ecru (Fb 006), 250 g, und in Schwarz (Fb 017), 50 g
- ggf. Label

Nadeln

Rundstricknadel 4,0 mm | 60 cm lang
Wollnadel

Grundmuster

Glatt rechts in Reihen: In Hinreihen alle Maschen rechts, in Rückreihen alle Maschen links stricken.

Bündchenmuster: 1 Masche rechts, 1 Masche links im Wechsel stricken.

Maschenprobe

Mit Nd 4,0 mm glatt rechts:
20 M und 26 R = 10 x 10 cm

ANLEITUNG

Vorderteil

92 M anschl.
1.–8. R bzw. bis 3 cm Höhe: In Ecru im Bündchenmuster str.
9.–16. R bzw. bis 6 cm Höhe: In Ecru glatt rechts str.
17.–18. R bzw. bis 7 cm Höhe: In Schwarz glatt rechts str.
19.–98. R bzw. bis 39 cm Höhe: Die 9.–18. R noch 8x wdh.
99.–114. R bzw. bis 45 cm Höhe: In Ecru glatt rechts str.
115. R: Alle M locker abk. Das fertige Vorderteil misst ca. 45 x 46 cm.
Das Rückteil ebenso arbeiten.
Beide Teile spannen, anfeuchten und trocknen lassen.

Fertigstellung

Beide Teile mit den Ausschnittkanten zueinander auf einer Arbeitsfläche einander gegenüberlegen und die Schulternähte mittels Woll-Nd im Maschenstich schließen. Dabei werden die M wie folgt aufgeteilt: Die 1. Schulternaht über 25 M Breite schließen und den Faden vernähen, einen Halsausschnitt von 42 M Breite offen lassen, dann die 2. Schulternaht über 25 M Breite schließen.

Sind die Schulternähte geschlossen, die Seitenteile ebenfalls zusammennähen. Dafür am Bündchen beginnen und mittels Woll-Nd und Maschenstich die Seitennähte schließen. Für die Armausschnitte jeweils in der 68. R enden.

Die Fäden vernähen. Das T-Shirt spannen, sanft dämpfen, ggf. das Label annähen.

PFLEGE

Die Herstellerhinweise zur Wäsche beachten, feucht in Form ziehen und trocknen lassen.

VARIANTEN

In dieser Variante für Strickanfänger wurden die Armausschnitte so belassen, wie sie in Reihen gestrickt wurden. Wer mag, kann nach dem Zusammennähen die Randmaschen mit einem Nadelspiel in gleicher Stärke aufnehmen und ein Bündchen anstricken.

Das Shirt ist auch in anderen Größen möglich:
Für Größe M 102 Maschen anschlagen und bis 50 cm Höhe stricken (= 128 Reihen).
Der erste schwarze Streifen beginnt in der 23. Reihe.
Für Größe L 112 Maschen anschlagen und bis 55 cm Höhe stricken (= 141 Reihen).
Der erste schwarze Streifen beginnt in der 29. Reihe.

Die Anzahl der Streifen bleibt gleich, sie werden jedoch später im Strickstück begonnen und früher beendet, d. h. die gestrickten Flächen in Ecru werden am Bund und am Schulter-Brust-Streifen höher. Bitte für diese Größen 100 g mehr Garn einplanen.

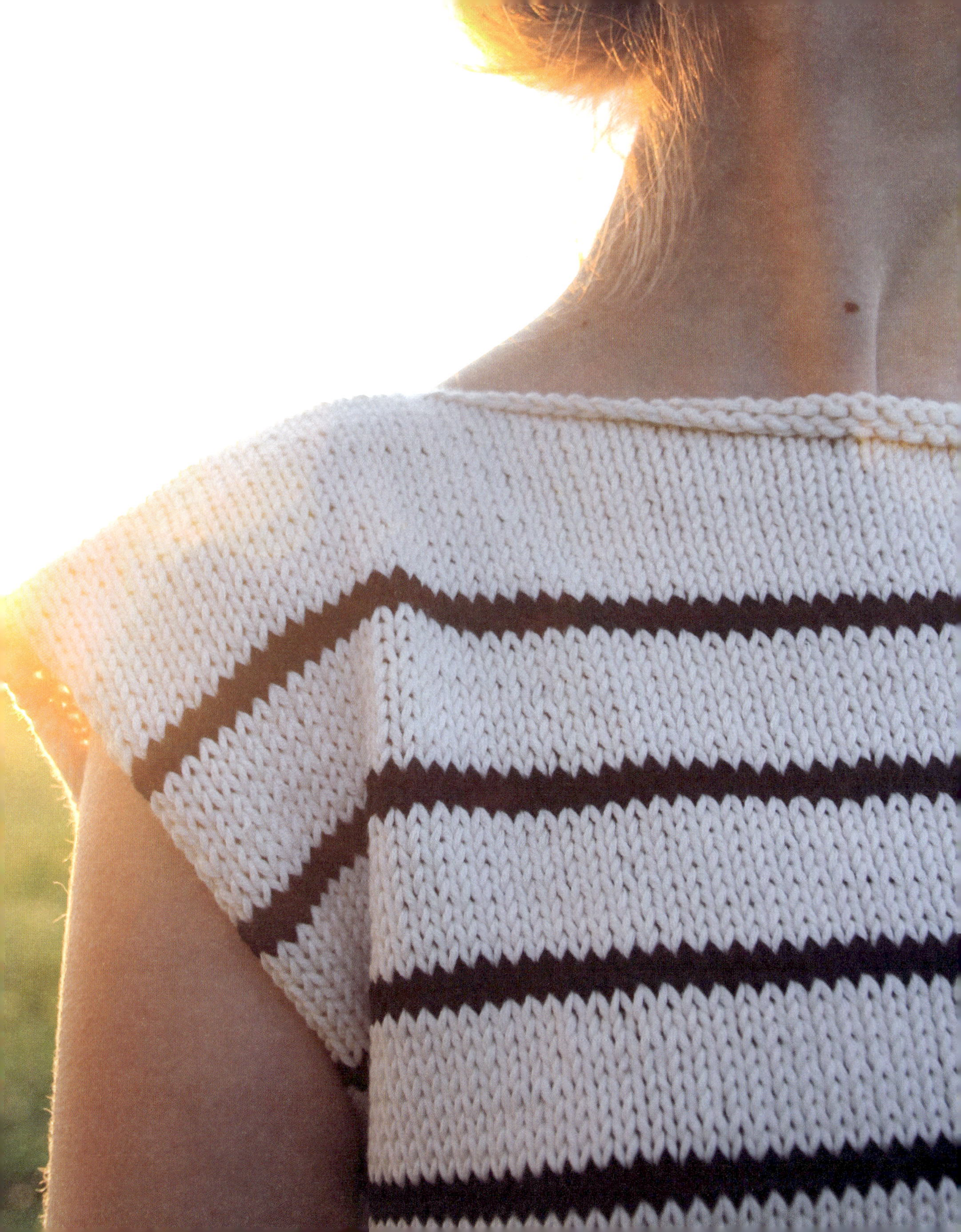

MÄPPCHEN

Skills: Anfänger, sehr leicht

Ein kleines Mäppchen für Stifte oder in der Handtasche für Handy, Ladegerät, Kosmetik oder auch die Reiseapotheke ist wirklich nie verkehrt. Dieses Mäppchen ist ruckzuck fertiggestellt und ein tolles Strickprojekt für die Garnresteverwertung.

GRÖSSE: CA. 10 X 18 CM

Material

- We Are Knitters The Tape (100 % Recycling-Baumwolle, LL ca. 120 m/250 g) in Beige, 50 g
- alternativ T-Shirt-Garn oder Rest eines vergleichbaren Baumwollgarns, ca. 50 g
- Reißverschluss, 16 cm lang
- ggf. Label

Nadeln

Nadelspiel 7,0 mm
Wollnadel

Grundmuster

Glatt rechts in Runden: Alle Maschen rechts stricken.

Maschenprobe

Mit Nd 7,0 mm glatt rechts:
12 M und 17 R = 10 x 10 cm

ANLEITUNG

40 M anschl und gleichmäßig auf das Nd-Spiel verteilen: 10 M / Nd, zur Rd schließen.

1.–18. Rd bzw. bis 11 cm Höhe: Glatt rechts str.

Letzte Rd: Locker abk.

Fertigstellung

Die Fäden vernähen, das Mäppchen spannen und sanft dämpfen. Dann das Label annähen.

Das Mäppchen flach aufeinanderlegen und die Unterkante zusammennähen. An der Oberkante den Reißverschluss mit der Maschine oder von Hand einnähen. Alternativ einen Klettverschluss verwenden. Zum Schluss die offene Seitenkante zusammennähen.

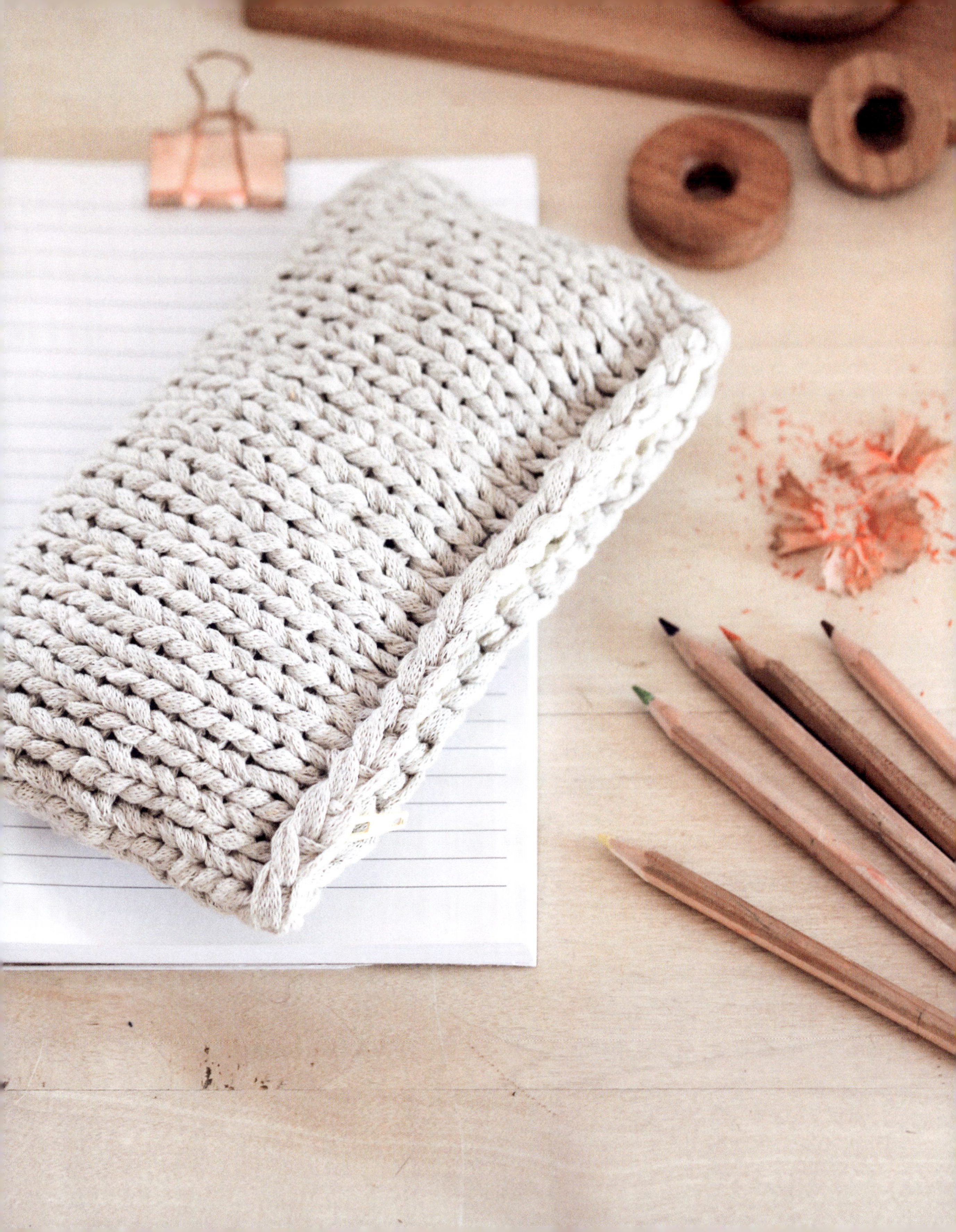

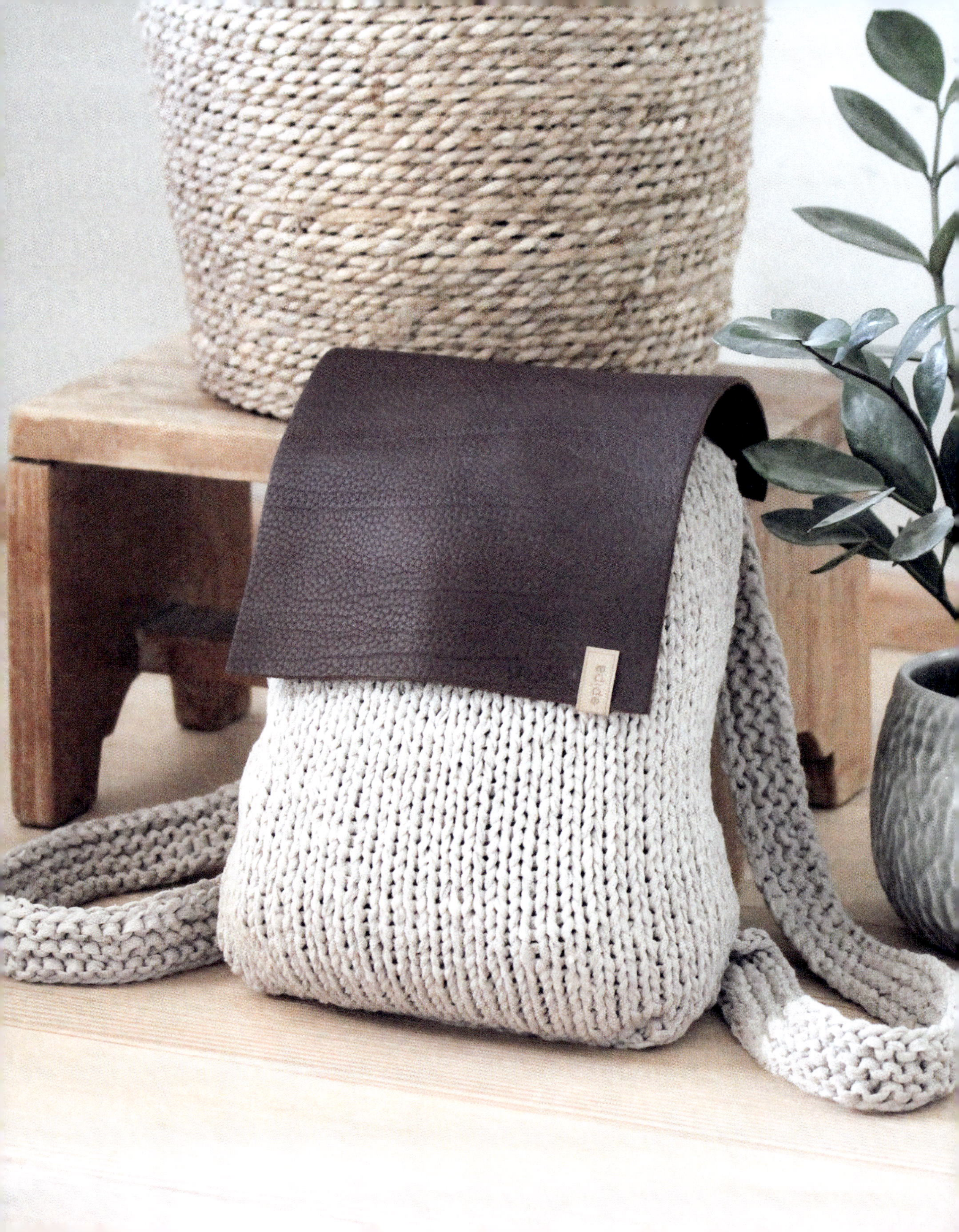

RUCKSACK

Skills: Anfänger, leicht fortgeschrittene Kenntnisse

Der Rucksack ist ein weiteres Lieblingsprojekt in diesem Buch. Eine Sammlung verschiedener Ledermuster einer auslaufenden Möbelkollektion, die mein Mann mir mitbrachte, hatte das perfekte Maß, und so kam der Rucksack zu seiner Lederklappe. Ich liebe es, Dinge wieder- und weiterzuverwenden, andernfalls wäre das Leder entsorgt worden. Wenn kein Leder zu bekommen ist, ist das auch nicht schlimm. Im Anleitungsteil erkläre ich, wie die Klappe gestrickt werden kann.

GRÖSSE: CA. 30 X 33 CM

Material

- We Are Knitters The Tape (100 % Recycling-Baumwolle, LL ca. 120 m/250 g) in Beige, 300 g
- Kordel oder Lederband, ca. 60 cm
- Leder 22 x 28 cm (z. B. Musterstück vom Möbelhaus, ausgemusterte Kollektion, alternativ auch Reste vom Sattler, Orthopädietechniker oder von einer alten Lederhose)
- Lochzange

Nadeln

Rundstricknadel 8,0 mm | 60 cm lang
Nadelspiel 8,0 mm
Häkelnadel 8,0 mm
Wollnadel

Grundmuster

Glatt rechts in Runden: Alle Maschen rechts stricken.
Glatt rechts in Reihen: In Hinreihen rechte Maschen, in Rückreihen linke Maschen stricken.
Kraus rechts in Reihen: Alle Maschen rechts stricken.

Maschenprobe

Mit Nd 8,0 mm glatt rechts:
10 M und 15 R = 10 x 10 cm

ANLEITUNG

Beutel

60 M mit der Rundstrick-Nd anschl und zur Rd schließen.
1.–42. Rd bzw. bis 28 cm Höhe: Glatt rechts str.
43. Rd: * 1 U, 1 M abheben, 1 M rechts, 1 M überziehen, 3 M rechts *, von * bis * noch 11x wdh.
44.–46. Rd bzw. bis 30 cm Höhe: Glatt rechts str.
47. Rd: Alle M locker abk.

Boden

Um dem Rucksack eine Form zu geben, wird, statt einfach die Anschl-M zu schließen, für den Beutel ein Bodenstück gearbeitet. Hierzu werden die M direkt aus den Anschl-M aufgenommen. Die M der Anschl-Rd werden dabei wie folgt aufgeteilt: 1. Seitenteil des Rucksacks 10 M, Vorderseite 20 M, 2. Seitenteil 10 M, Rückseite 20 M.

Den Rucksack auf links wenden und 10 M der Anschl-Rd mit einer Nd des Nd-Spiels aufnehmen; das ist die eine Seite des Rucksacks. Zur leichteren Orientierung können die 10 M auf der gegenüberliegenden Seite mithilfe einer weiteren Nd markiert werden.
Der Boden wird über die gesamte Länge des Beutels glatt rechts in R gestrickt.
1.–39. R oder bis 28 cm Höhe: Glatt rechts str.
40. R: Die M abk, den Faden nicht abschneiden.
Die Bodenlasche auf die Anschl-Kante des Rucksacks klappen und mithilfe der Häkelnadel ringsum mit fM anhäkeln. Hierfür jeweils durch eine M der Bodenlasche und des Rands zusammen einstechen.

Klappe

In das Leder mit der Lochzange in regelmäßigen Abständen Löcher stanzen (hier ca. alle 3 cm) und mit der Häkelnadel eine Maschenkette einhäkeln.
Das gewünschte Format der Klappe am Rucksack ausprobieren und die Reihe, an die sie angebracht werden soll, ggf. mit einem Hilfsfaden oder einer Stecknadel markieren. Mit der Häkelnadel die Lasche an die zuvor markierte Reihe häkeln.

Alternativ Klappe stricken:

22 M anschl.
1.–45. R oder bis 30 cm Höhe: Glatt rechts str.
46. R: Alle M abk.
Die Klappe mittels Woll- oder Häkel-Nd an den M der Rückseite des Rucksacks befestigen.

Träger

Die Träger werden der Länge nach in Reihen gestrickt. Die hier empfohlene Länge von 60 cm vor dem Anschl mit einem Maßband am besten selbst auf eigene Vorlieben und Bequemlichkeit prüfen.
Andernfalls den M-Anschl auf die gewünschte Länge abändern – pro cm 1 M anschl.
60 M auf der Rundstrick-Nd anschl.
1.–6. R: Kraus rechts str.
7. R: Locker abk.
Den zweiten Träger ebenso arbeiten.

Fertigstellung

Die Träger annähen und die Kordel oder das Lederband durch die gearbeiteten Umschläge einziehen. Alle Fäden vernähen.

PFLEGE

Wegen des Leders Handwäsche, feucht in Form ziehen und trocknen lassen. Um nach dem Waschen eine schöne Form zu erhalten, während des Trocknens eingerollte Handtücher in den Rucksack stellen.

VARIANTEN

Es gibt noch eine Vielzahl an Erweiterungs- oder Gestaltungsmöglichkeiten:
Anstelle des Leders kann die Klappe auch gestrickt, genäht oder gehäkelt werden. Man kann sie auch weglassen und erhält so einen Beutel mit Zugband.

Anstelle der gestrickten Träger können alte Gürtel wiederwendet sowie Stoff- oder Lederstreifen angenäht werden.

Leder am Boden des Rucksacks schützt zusätzlich vor Schmutz und Nässe.

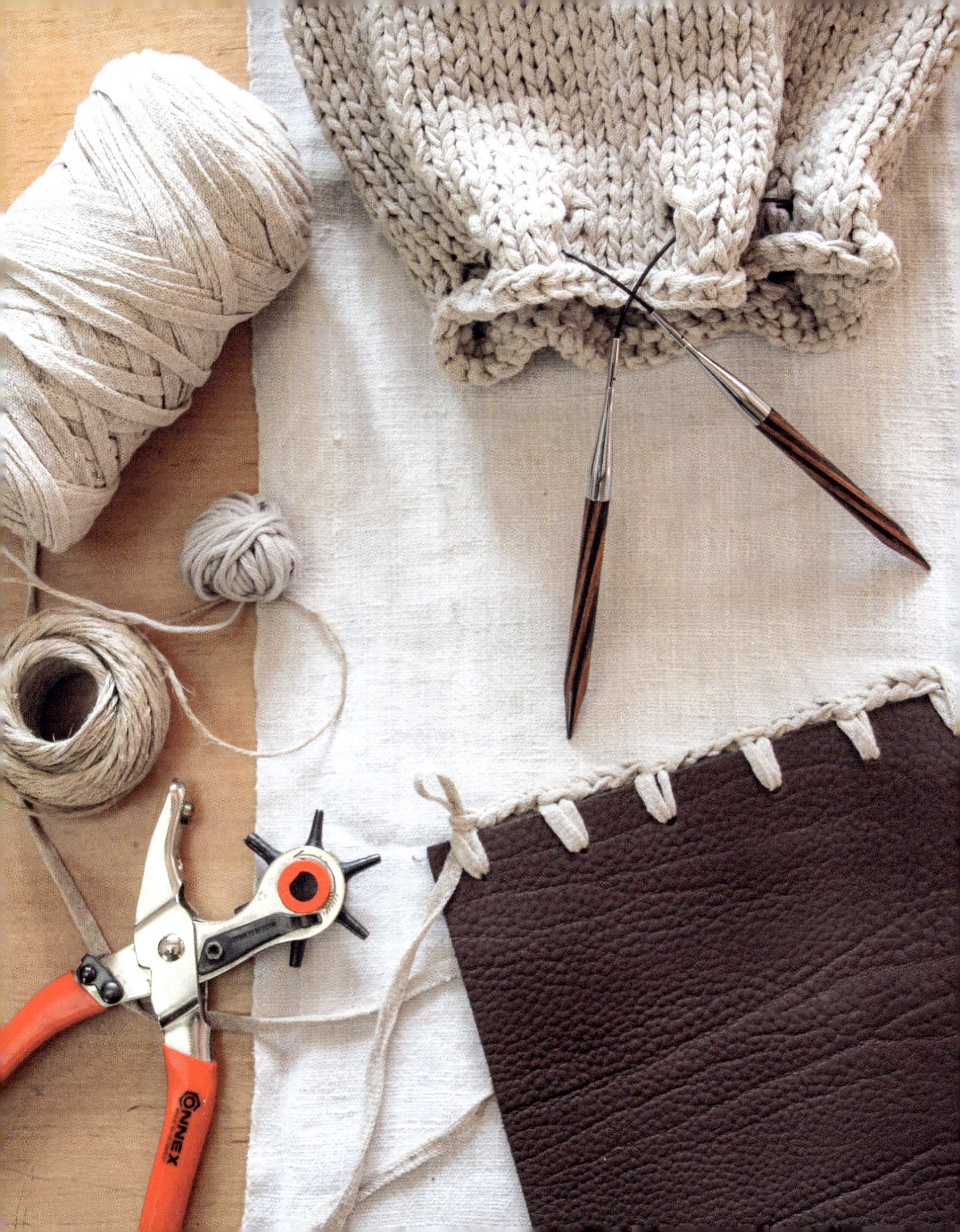

EASY PEASY COWL

Skills: Anfänger, sehr leicht

Der Easy Peasy Cowl ist als schnelles Projekt für Regentage und für Strickanfänger gedacht. Das Rippenmuster geht gut von der Hand und braucht nicht viel Kopfarbeit, weshalb man nebenher sehr schön einen Film sehen oder einem guten Hörbuch lauschen kann, ohne viel zählen zu müssen. Als rundgestrickter Cowl lässt er sich auch an kühlen Tagen gut zu etwas ausgeschnittenen Pullovern kombinieren und trägt auch unter der Jacke nicht auf. Einmal umgeschlagen, schmiegt sich der Kragen sicher und kuschlig an, was ihn für mich sofort zum Lieblingsstück für regnerische und windige Spaziergänge macht.

GRÖSSE: ONESIZE

Material

- We Are Knitters The Tape (100 % Recycling-Baumwolle, LL ca. 120 m/250 g) in Grau, 250 g

Nadeln

Rundstricknadel 9,0 mm | 60 cm lang
Wollnadel

Grundmuster

Rippenmuster in Runden: 1 Masche rechts, 1 Masche links im Wechsel

Maschenprobe

Mit Nd 9,0 mm im Rippenmuster:
10 M und 15 R = 10 x 10 cm

ANLEITUNG

60 M anschl, zur Rd schließen.
1.–45. Rd bzw. bis 30 cm Höhe: Im Rippenmuster str.
46. Rd: Die M locker abk, wie sie erscheinen.
Die Fäden vernähen.

PFLEGE

Herstellerhinweise des Garns zur Wäsche beachten, feucht in Form ziehen und trocknen lassen.

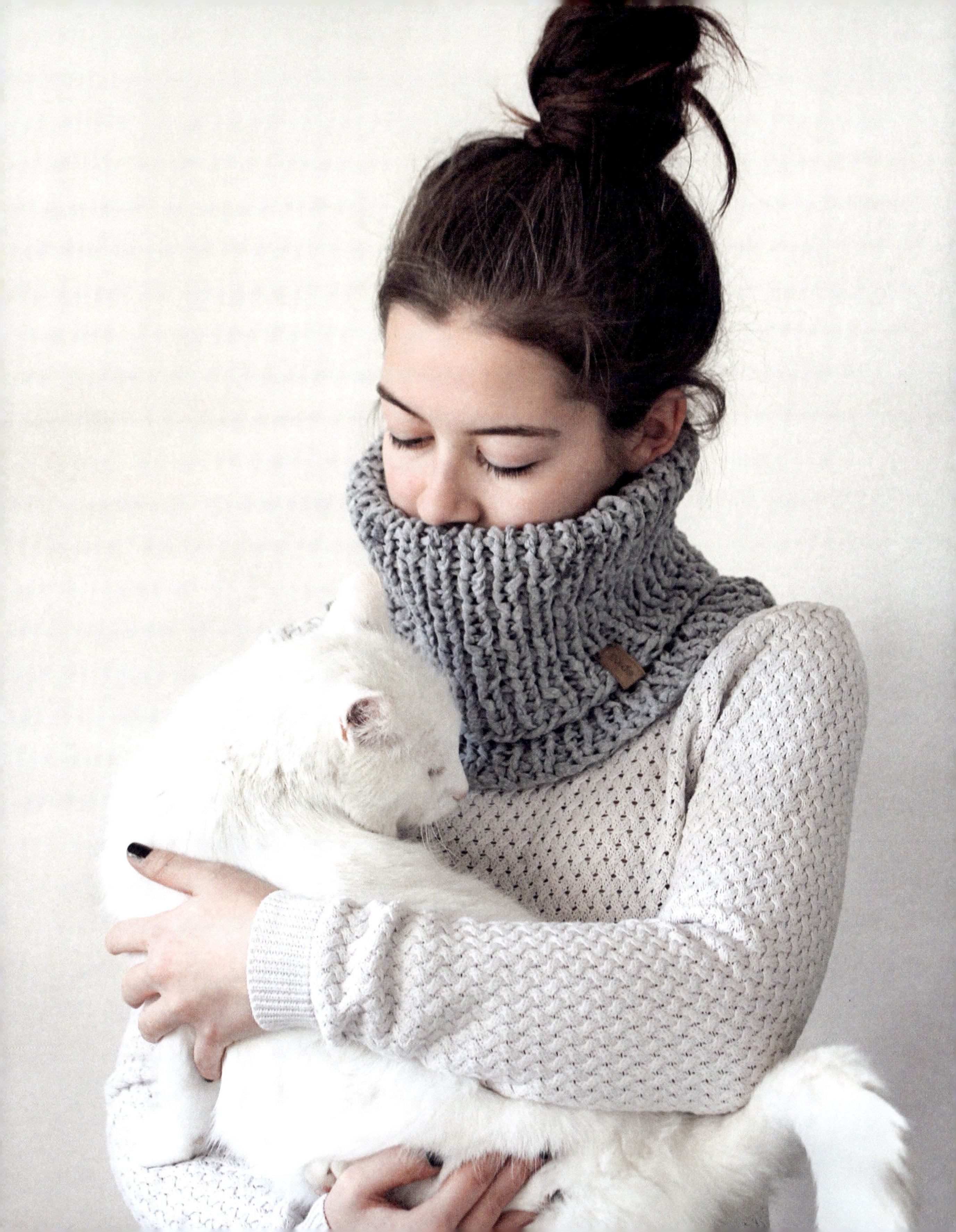

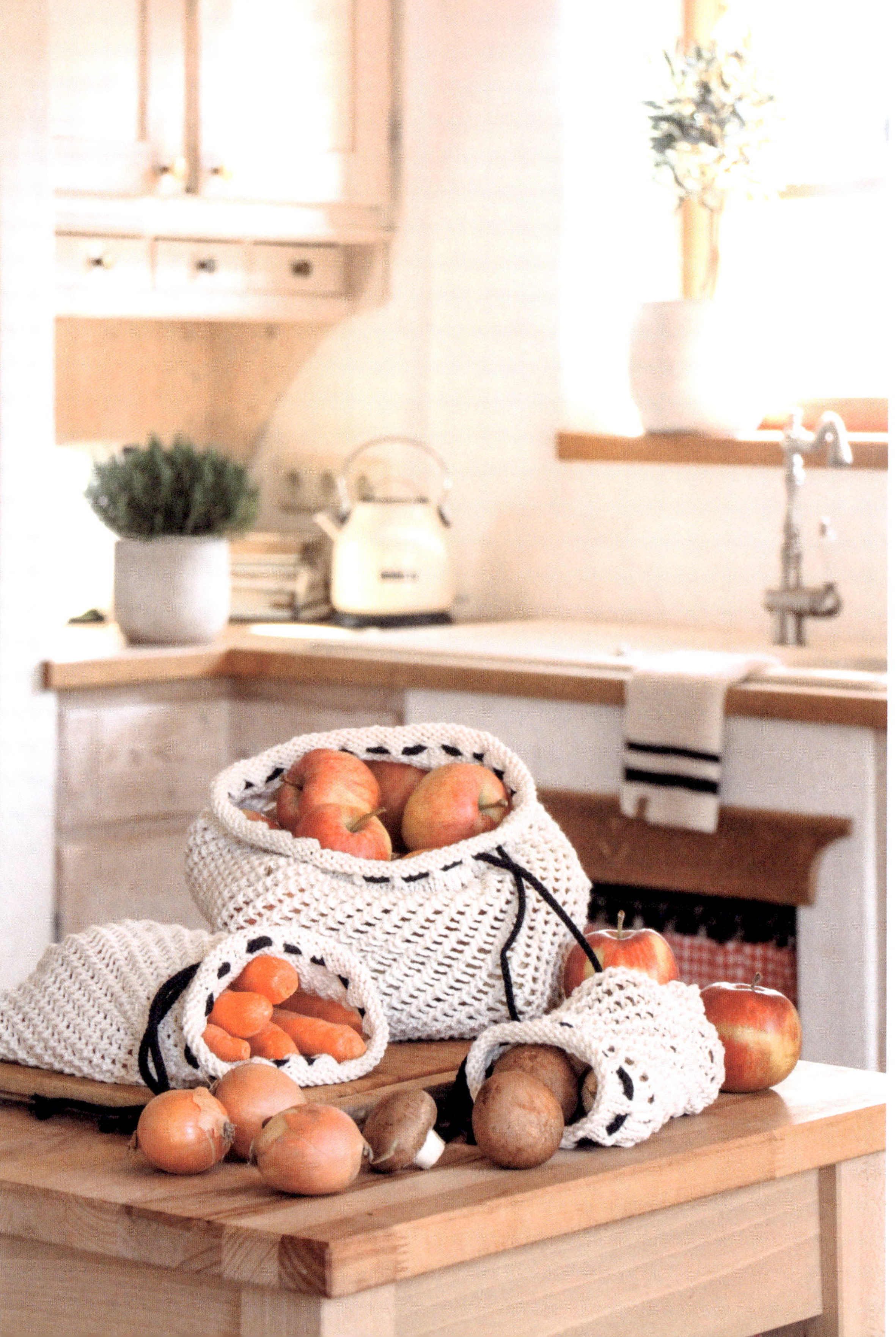

KÜCHE

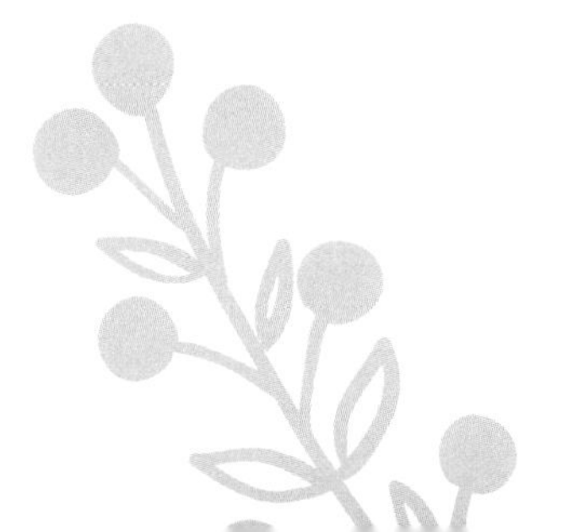

EINLEITUNG

Egal ob einkaufen, aufbewahren, putzen oder dekorieren – in der Küche und allem, was mit diesem Raum zu tun hat, lässt sich so vieles nachhaltig gestalten. In diesem Kapitel bekommst du einige Anregungen dazu.

Wer bei epipa schon länger mitliest, weiß: Wir leben seit Jahren in einer Küche ohne Geschirrspüler. Das war zu Anfang auch eigentlich nur als kleines Experiment gedacht: Mein Mann meinte eines lauen Sommerabends bei einem gemütlichen Glas Wein auf der Terrasse, sinnierend den Garten betrachtend, wir könnten doch einfach dauerhaft von Hand spülen. Und, den Gedanken noch weiterspinnend, falls unser derzeitiger Geschirrspüler irgendwann einmal den Dienst quittieren würde, sollten wir auch keinen neuen mehr anschaffen. Im ersten Moment verschluckte ich mich an meinem Wein – immerhin sind wir ein Fünf-Personen-Haushalt, kochen gern und enthusiastisch und haben auch Gäste. Doch amüsiert stimmte ich der Idee zu – nicht ahnend, dass „irgendwann" schon ein paar wenige Wochen später eintreten und unser Geschirrspüler den Geist aufgeben würde. Ein Jahr und viele gemeinsame Spülgespräche später war aus dem Experiment eine Gewohnheit geworden.

Daher benötigen wir in unserer Küche zahlreiche Geschirrtücher, bei denen ich besonders gerne auf selbst gestrickte zurückgreife (Seite 65).

Eine Tischdecke, ein Fleck, der nicht mehr herausgehen wollte, und viel zu wenig Platzdeckchen im Haus führten dazu, dass ich den Stoff davon in Streifen riss und Platzsets daraus strickte.

Für unseren Tisch verwende ich gerne Platzsets, zum einen, weil die Tischplatte sehr empfindlich gegenüber Hitze ist – mein Mann hat den Tisch selbst gemacht und die Platte über viele Abende und Stunden mühsam mit Schellack bezogen. Zum anderen mag ich besonders in der kalten Jahreszeit, oder wenn es draußen besonders ungemütlich ist, gerne auch optisch warme Untersetzer und Platzdeckchen.

Doch nicht nur direkt in der Küche kann man etwas verändern: In Deutschland werden täglich bis zu 10.000 Plastiktüten verbraucht, das sind über 5 Milliarden Tüten pro Jahr. Dabei werden die Tüten oft nur für den relativ kurzen Weg vom Geschäft bis nach Hause genutzt. Wenn ich mir diese Menge an Tüten mal an einem Ort gesammelt vorstelle, wird mir schon etwas anders. Darum sind die Mesh-Einkaufsbeutel (Seite 69) eines meiner Lieblingsprojekte in diesem Buch.

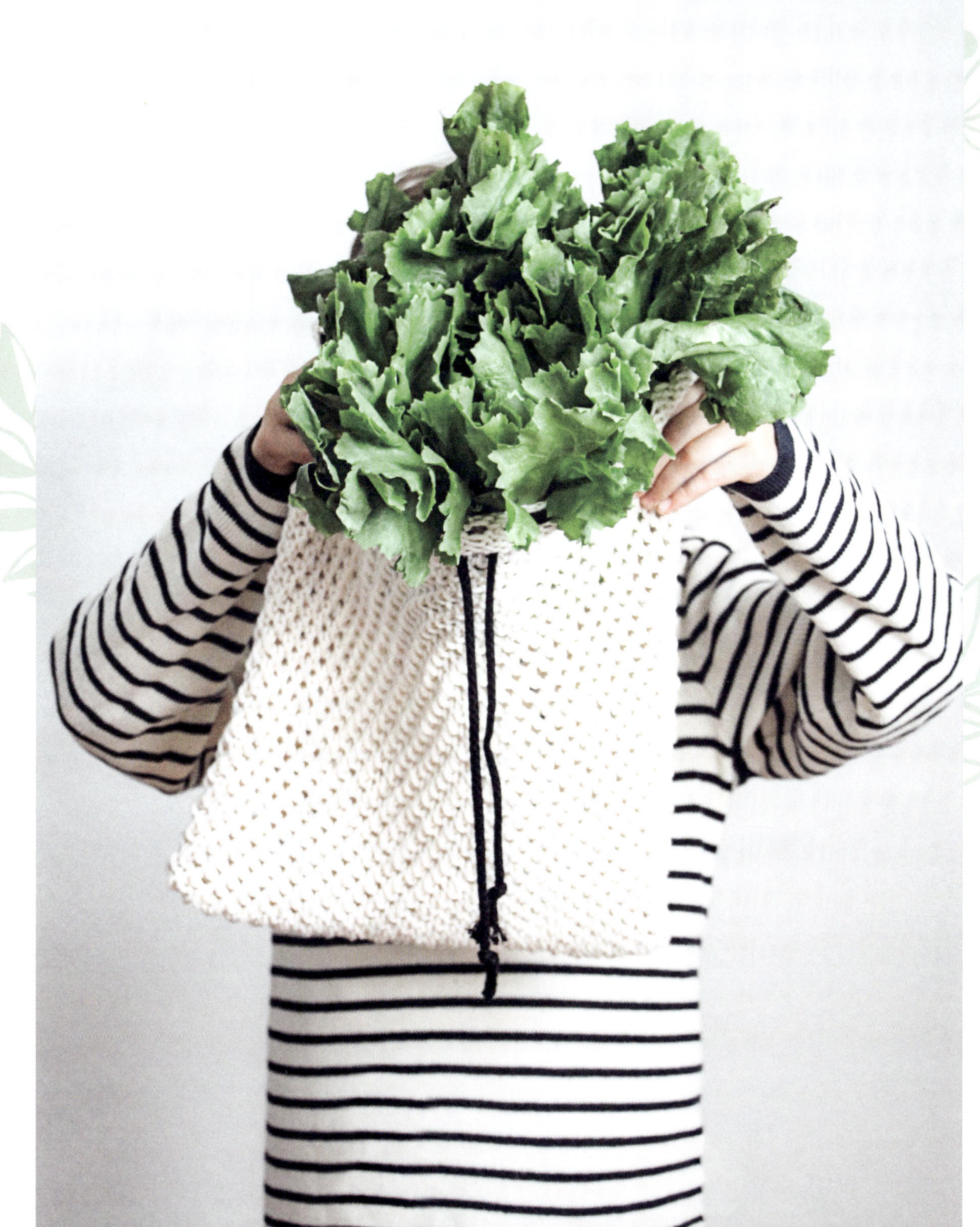

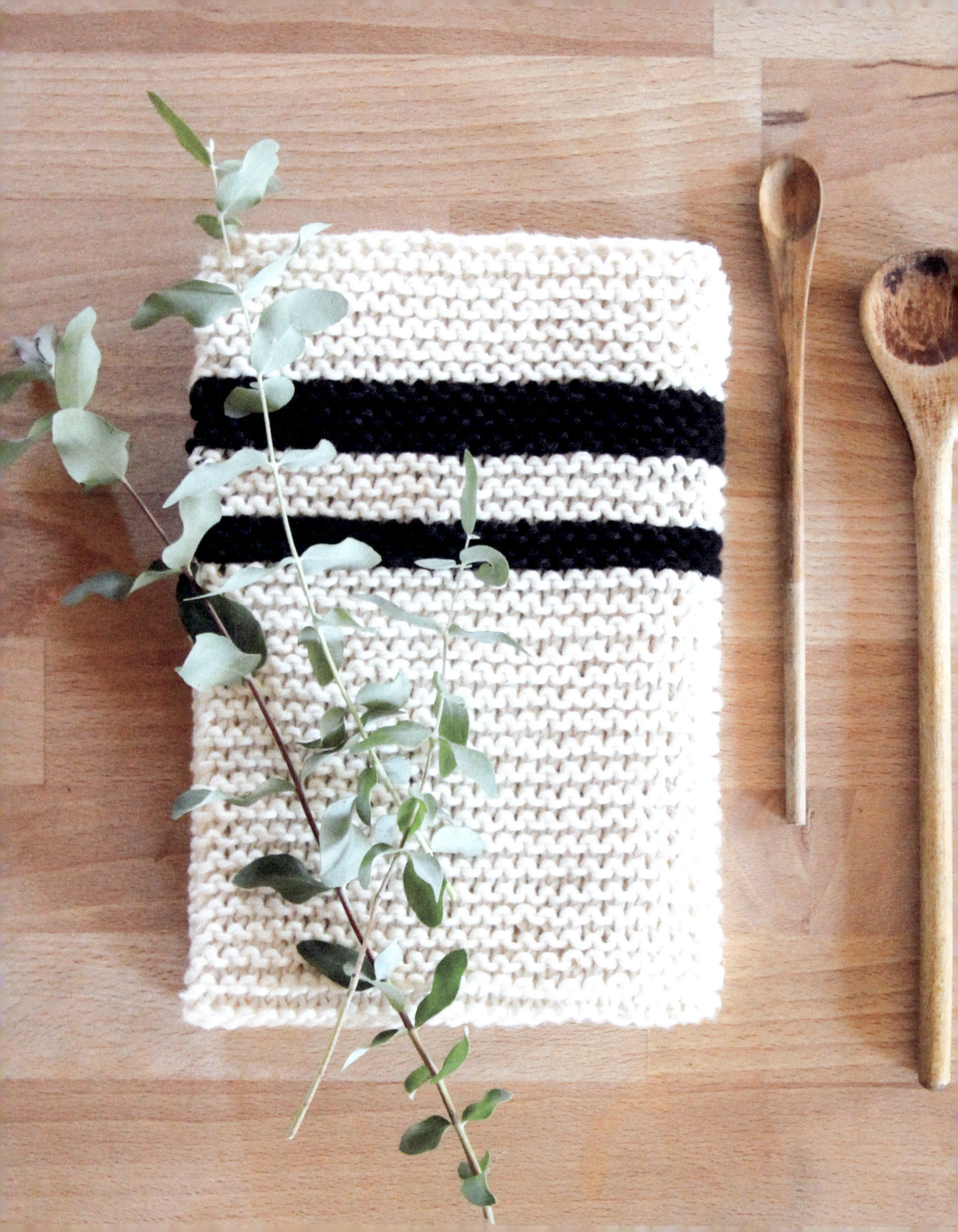

KÜCHENTUCH

Skills: Anfänger, sehr leicht

Geschirrtücher nehmen seit unserem „Experiment“ eine zentrale Rolle im Küchenalltag ein. Ich habe viele schöne Baumwolltücher, die ich in den Wintermonaten gerne mit kleinen Stickereien aufwerte, und auch gestrickte Küchentücher. Robuster und rustikaler als die Baumwolltücher verbreiten sie einen ganz eigenen Charme. Sie geben mir das Gefühl von Behaglichkeit und Wohlbefinden, und ich mag ihre locker-lässige Präsenz im Raum. Bei Not helfen sie auch mal fix als Platzset oder Topflappen aus.

GRÖSSE: SMALL CA. 28 X 38 CM

Material

- Lana Grossa Linea Pura Organico (100 % Bio-Baumwolle, LL ca. 90 m/50 g) in Ecru (Fb 006), 100 g und in Schwarz (Fb 014), 50 g oder Rest
- ggf. Label

Nadeln

Rundstricknadel 4,0 mm | 40 cm lang
Wollnadel

Grundmuster

Kraus rechts in Reihen: In Hin- und Rückreihen alle Maschen rechts stricken.

Maschenprobe

Mit Nd 4,0 mm kraus rechts:
18 M und 36 R = 10 x 10 cm

ANLEITUNG

50 M anschl.

1.–14. R bzw. bis 4 cm Höhe: In Ecru kraus rechts str.

15.–20. R bzw. bis 5,5 cm Höhe: In Schwarz kraus rechts str.

21.–26. R bzw. bis 7,5 cm Höhe: In Ecru kraus rechts str.

27.–30. R bzw. bis 8,5 cm Höhe: In Schwarz kraus rechts str.

31.–134. R bzw. bis 38 cm Höhe: In Ecru kraus rechts str.

Letzte R: Locker abk.

Fertigstellung

Die Fäden vernähen, das Geschirrtuch spannen, sanft dämpfen, ggf. das Label annähen.

PFLEGE

Obwohl es sich um reine Bio-Baumwolle handelt, die etwas aushält, möchten gestrickte Küchentücher ein wenig schonender behandelt werden als handelsübliche gewebte Geschirrtücher:

Mit einem milden Waschmittel bei 40 Grad in der Maschine waschen, in feuchtem Zustand sanft in Form ziehen und liegend trocknen lassen. Dann hat man sehr lange Freude an ihnen.

VARIANTEN

Die Anleitung ist für ein Küchentuch der Größe S geschrieben. Wer es größer und breiter mag, schlägt einfach mehr Maschen an: Für Größe M z. B. 60 Maschen, für Größe L z. B. 70 Maschen. Die Länge ganz nach persönlichem Geschmack arbeiten. Es sollte immer ein Rechteck entstehen.

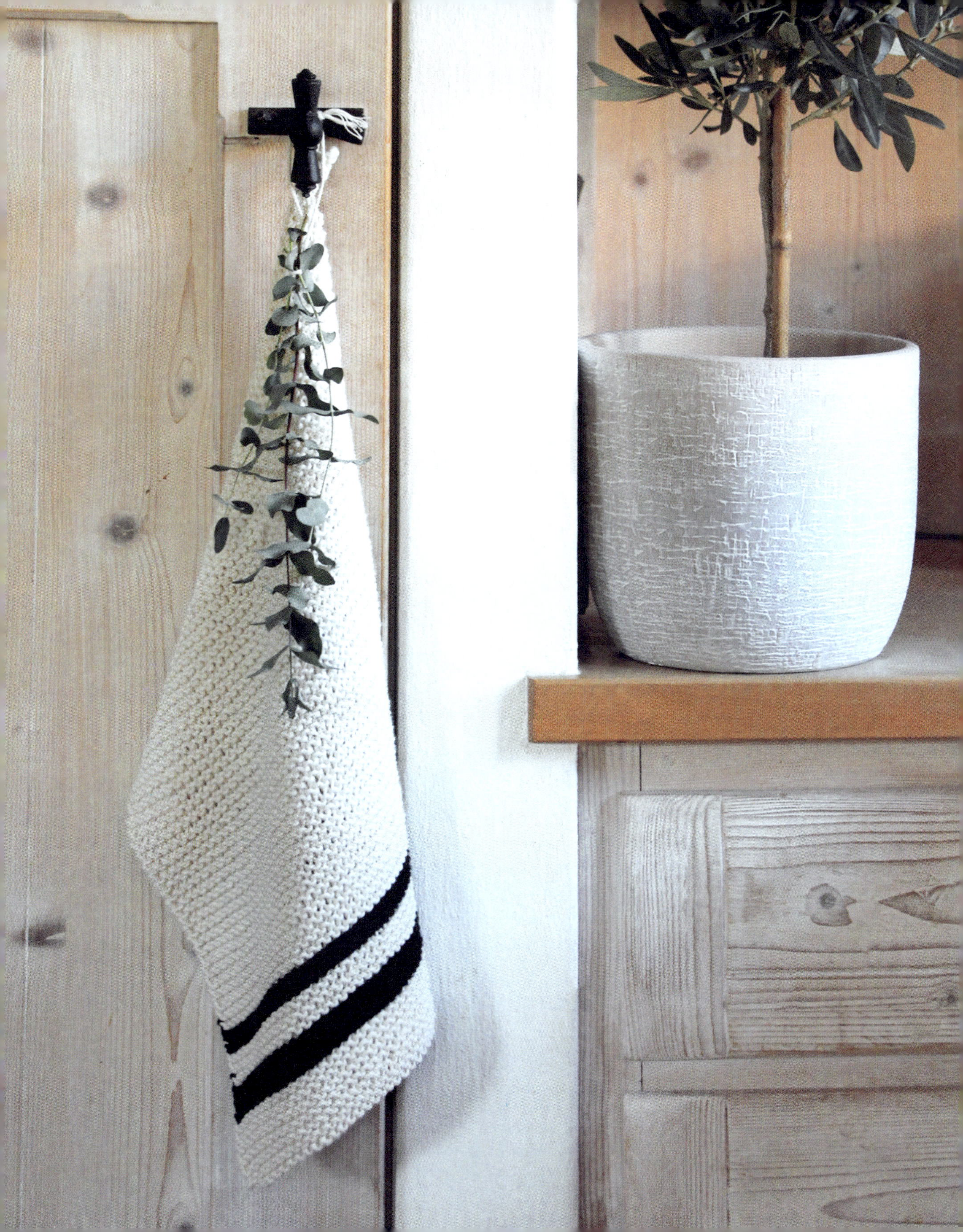

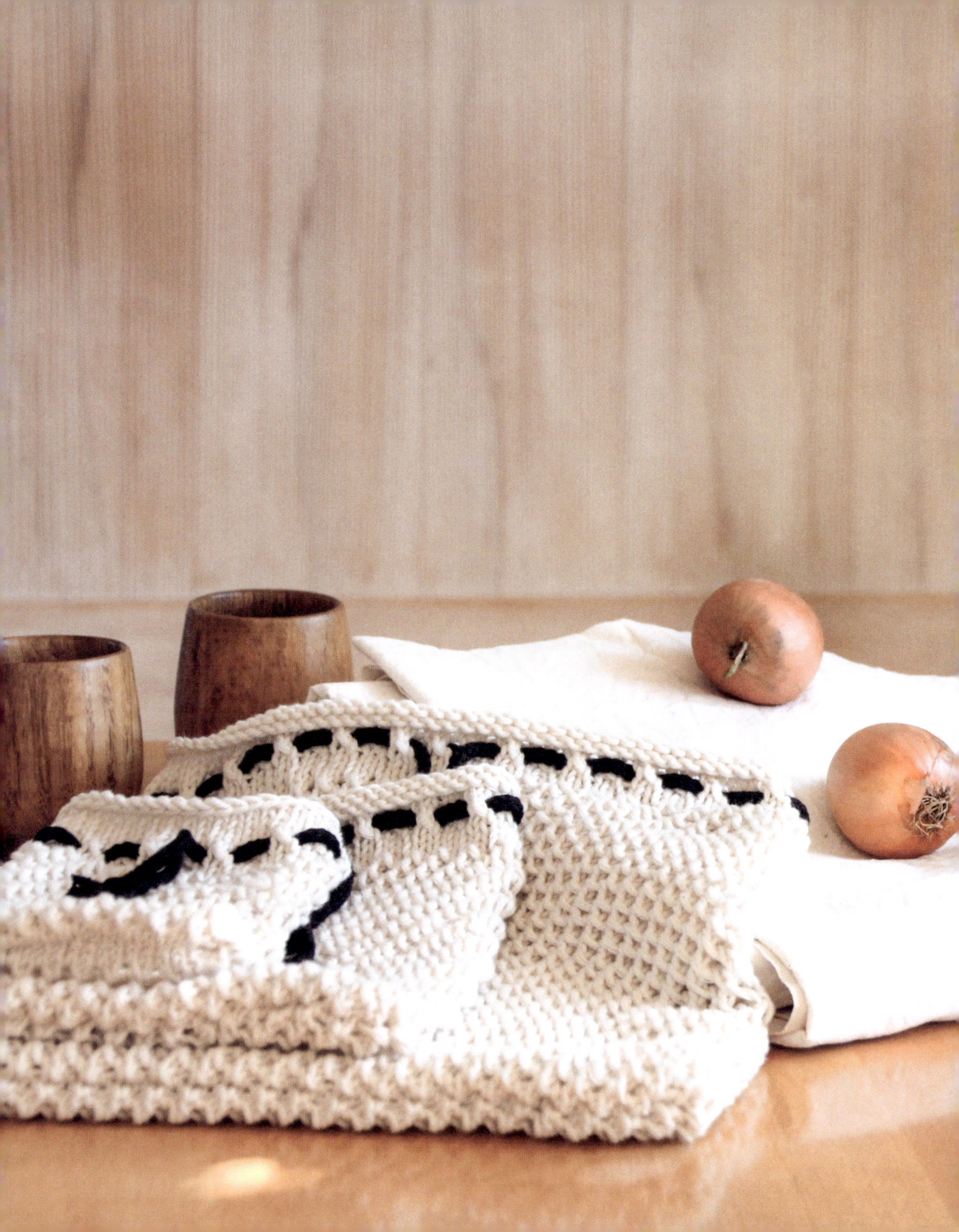

MESH-EINKAUFSBEUTEL

Skills: Fortgeschrittene Anfänger

Sie sind, wenn man das Muster einmal verinnerlicht hat, sehr schnell und einfach gestrickt und können sogar auf jede beliebige Größe vergrößert oder verkleinert werden, sodass einfach alle Einkäufe wohlbehalten zu Hause ankommen. Durch die Mesh-Struktur können die Beutel fast die doppelte Menge Volumen fassen. So kann man bequem einkaufen und unnötigen Müll vermeiden. Wir haben das inzwischen mehrfach getestet, und sogar ich war erstaunt, wie viel diese selbst gestrickten Beutel aushalten und transportieren können. Beutel stricken ist für mich ein schönes Feierabend- oder Wochenend-Projekt geworden, und sie sind auch schön zum Verschenken.

GRÖSSE: SMALL CA. 12 X 18 CM
MEDIUM CA. 18 X 24,5 CM
LARGE CA. 28 X 32 CM

Material

- Lana Grossa Linea Pura Organico (100 % Bio-Baumwolle, LL ca. 90 m/50 g) in Ecru (Fb 006), 4x 50 g
- Baumwollkordel, 5 mm stark: Für Größe S 50 cm, für Größe M 70 cm, für Größe L 100 cm

Nadeln

Rundstricknadel 4,0 mm | 40 cm lang
Nadelspiel 4,0
Wollnadel

Grundmuster

Glatt rechts in Runden: Alle Maschen rechts stricken.
Lochmuster: Umschläge wie beschrieben arbeiten.

Maschenprobe

Mit Nd 4,0 mm glatt rechts:
18 M und 24 R = 10 x 10 cm

ANLEITUNG

40 M anschl.
1. Rd: Glatt rechts str.
2. Rd: * 1 U, 1 M abheben, 1 M rechts, 1 M überziehen *, von * bis * bis zum Rd-Ende wdh.
3.–42. Rd: Die 1. und 2. Rd im Wechsel wdh.
43.–48. Rd: Glatt rechts str.
49. Rd: * 1 U, 1 M abheben, 1 M rechts, 1 M überziehen *, von * bis * bis zum Rd-Ende wdh.
50.–55. Rd: Glatt rechts str.
Letzte Rd: Locker abk.

Fertigstellung

Den Beutel flach zusammenlegen und den Boden des Mesh-Beutels mittels Maschenstich zusammennähen. Die Fäden vernähen, spannen, sanft dämpfen, trocknen lassen.

Die Baumwollkordel durch die 49. Rd fädeln. Sollte sich das Zugband nur mühsam durch die Öffnungen ziehen lassen, jeden zweiten Umschlag überspringen.

PFLEGE

Herstellerhinweise beachten. In feuchtem Zustand sanft in Form ziehen und liegend trocknen lassen.

VARIANTEN

Die Anleitung ist für den kleinen Mesh-Beutel der Größe S geschrieben. In meinem Beispiel habe ich für die Größe M 60 Maschen angeschlagen und 24,5 cm lang gestrickt, für Größe L 90 Maschen angeschlagen und 32 cm lang gestrickt.

Wenn man das Muster einmal verinnerlicht hat, können Beutel in jeder beliebigen Größe gestrickt werden. Dabei darauf achten, dass die Maschenzahl immer durch 2 teilbar sein muss. Die Länge ganz nach persönlichem Geschmack arbeiten.

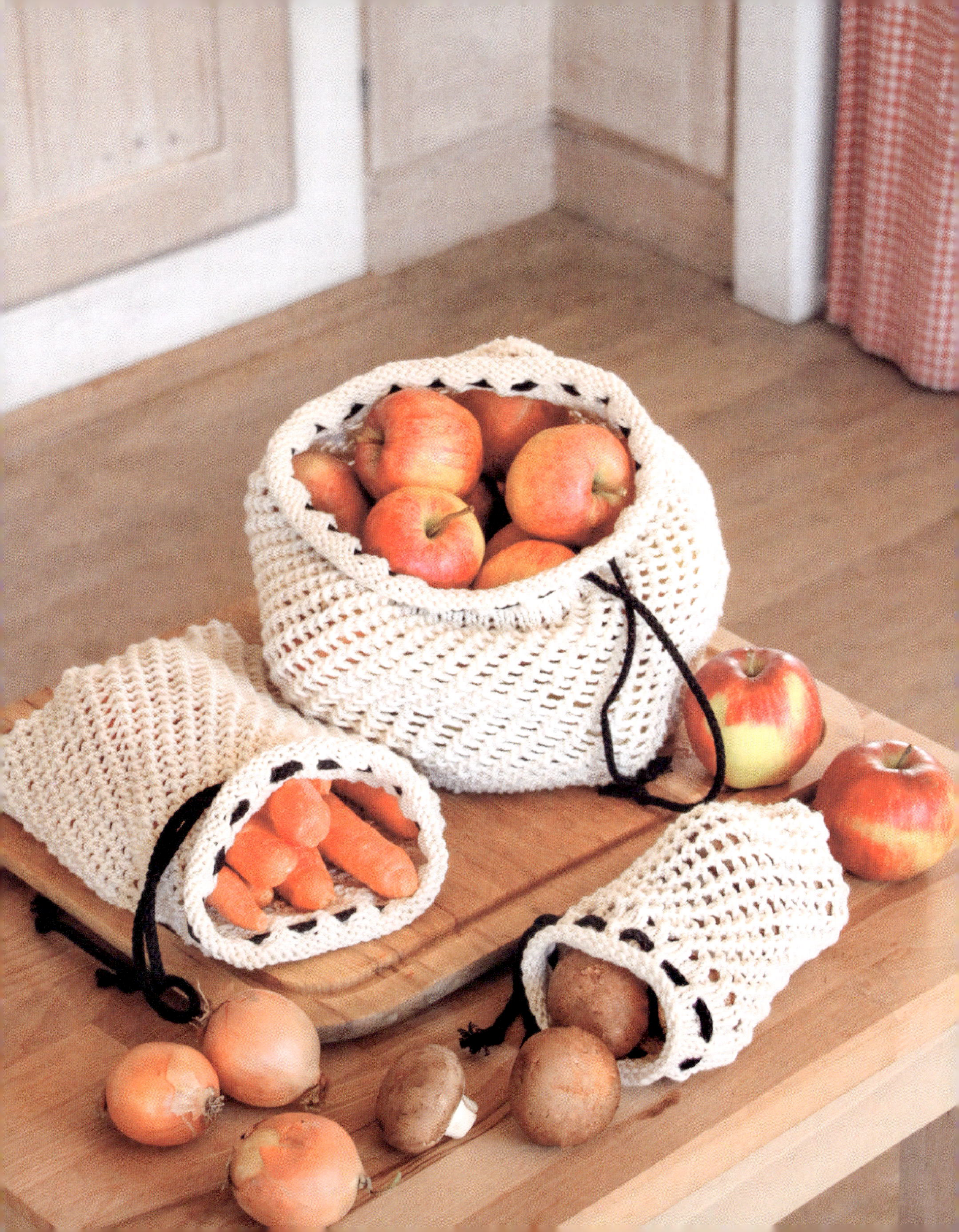

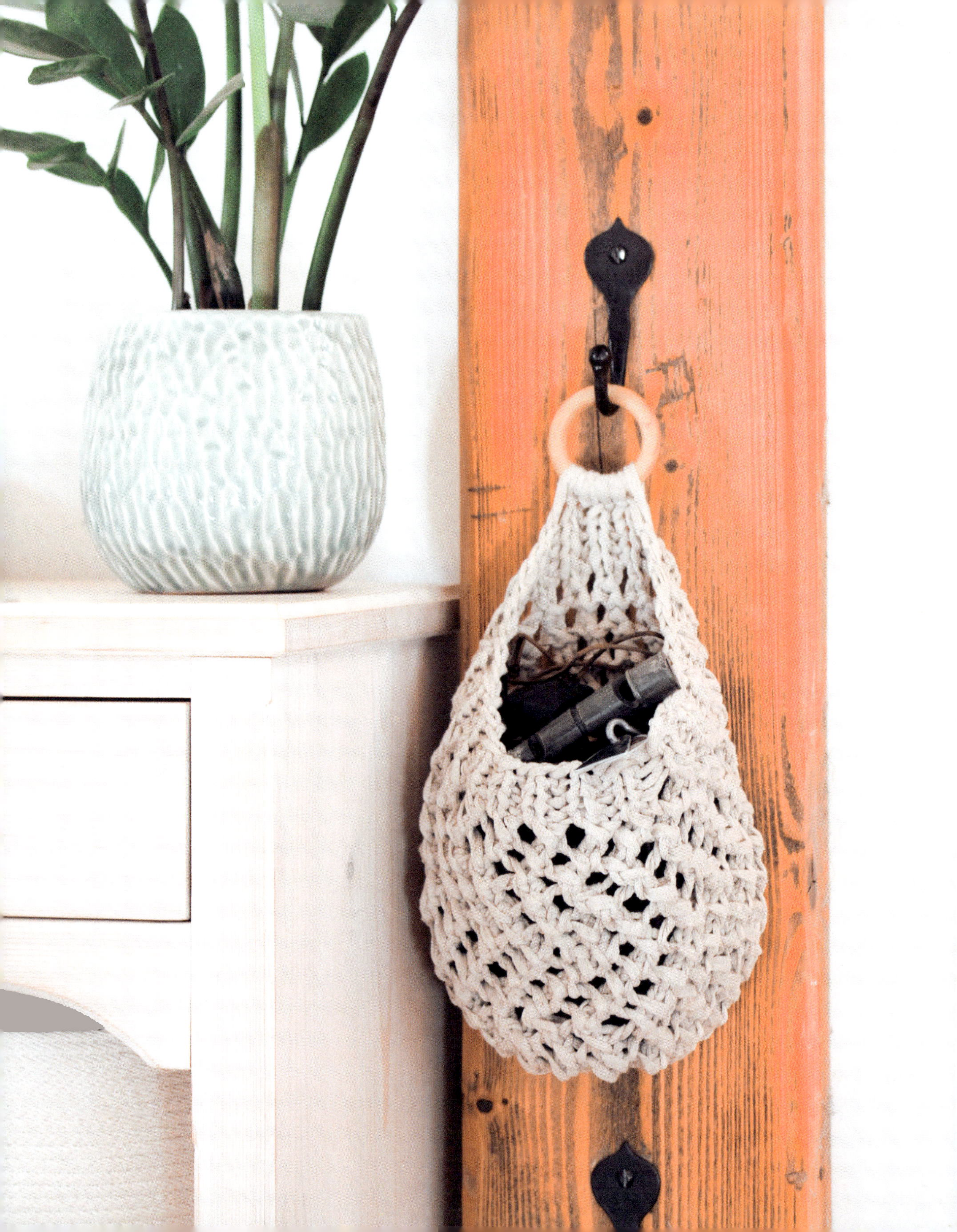

ORGANIZER-KÖRBCHEN ZUM AUFHÄNGEN

Skills: Fortgeschrittene Anfänger

Bei diesem Körbchen weiß ich gar nicht, wo ich zuerst anfangen soll. Es passt eigentlich in fast jeden Raum unseres Hauses. Es ist die perfekte Aufbewahrung für Schlüssel, Mützen, Handschuhe im Eingangsbereich und der Garderobe, es dient der Lagerung von Zwiebeln, Knoblauch, Ingwer oder Äpfeln in der Speisekammer und lagert Gästehandtücher und organisiert die Badutensilien sauber und ordentlich im Badezimmer. Der Ring ist fest am Körbchen angestrickt, was die Aufhängung sehr stabil macht. Am besten strickt man gleich ein paar davon und freut sich über die neue, charmant gestylte Ordnung im ganzen Haus.

GRÖSSE: CA. 22 X 20 CM

Material

- We Are Knitters The Tape (100 % Recycling-Baumwolle, LL ca. 120 m/250 g) in Beige oder selbst gemachtes T-Shirt-Garn (siehe Seite 22), 150 g
- Gardinenring

Nadeln

Nadelspiel 7,0 mm
Häkelnadel 7,0 mm
Wollnadel

Grundmuster

Rippenmuster: 1 Masche rechts, 1 Masche links im Wechsel stricken.
Glatt rechts in Runden: Alle Maschen rechts stricken.
Lochmuster: Umschläge wie beschrieben arbeiten.

Maschenprobe

Mit Nd 7,0 mm glatt rechts:
12 M und 17 R = 10 x 10 cm

ANLEITUNG

40 M wie folgt anschl:
1. Nd: 10 M anschl.
2. Nd: 2 M anschl, mittels Häkelnadel 6 M in den Gardinenring häkeln und auf die Nd fädeln, 2 M auf die Nd anschl (Abb. 1).
3.–4. Nd: Auf jede Nd 10 M anschl (Abb. 2).
1.–4. Rd bzw. bis 2,5 cm Höhe: Rippenmuster arbeiten: 1 M rechts, 1 M links im Wechsel str.
5. Rd: * 1 U, 1 M abheben, 1 M rechts, 1 M überziehen *, von * bis * stets wdh.
6. Rd: Glatt rechts str.
7.–20. Rd bzw. bis 14,5 cm Höhe: Die 5. und 6. Rd stets wdh.
21.–25. Rd bzw. bis 18 cm Höhe: Glatt rechts str.
26.–28. Rd bzw. bis 20 cm Höhe: Je 2 M rechts zus str, bis nur noch 5 M auf der Nd sind.

Fertigstellung

Den Faden etwa 20 cm lang abschneiden und in die Woll-Nd einfädeln. Die verbliebenen M mit der Woll-Nd auffädeln, die Öffnung zuziehen, schließen und den Faden gut vernähen.

PFLEGE

Wegen des Holzrings von Hand waschen. Feucht in Form ziehen. Ggf. ein zusammengerolltes Handtuch aufrecht ins Körbchen stellen und trocknen lassen.

VARIANTEN

Die Anleitung ist für ein kleines Körbchen geschrieben. Für größere Körbchen schlägt man einfach mehr Maschen an: Für Größe M z. B. 50 Maschen, für Größe L z. B. 60 Maschen. Die Länge ganz nach persönlichem Geschmack arbeiten.

Für den späteren Verwendungszweck bitte beachten, dass das Meshmuster sehr dehnbar ist und sich je nach Gewicht oder Volumen des Inhalts in Länge und Breite ausdehnt. Je nach Gewicht (z. B. Äpfel oder Kartoffeln) sollte der Wandhaken stabil in der Wand befestigt sein.

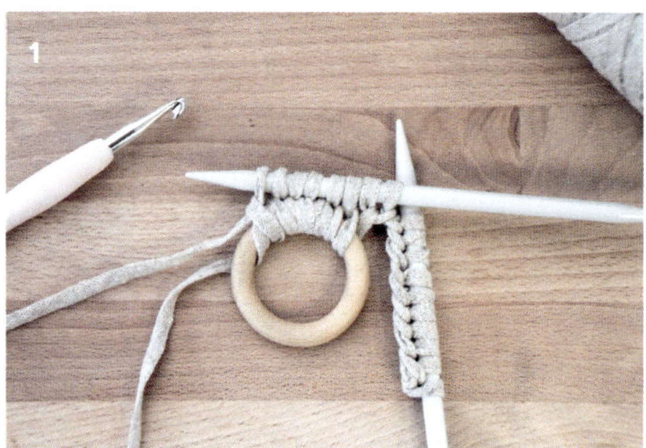

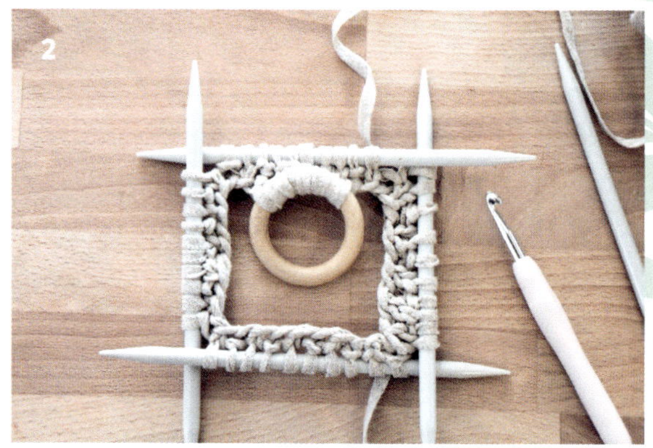

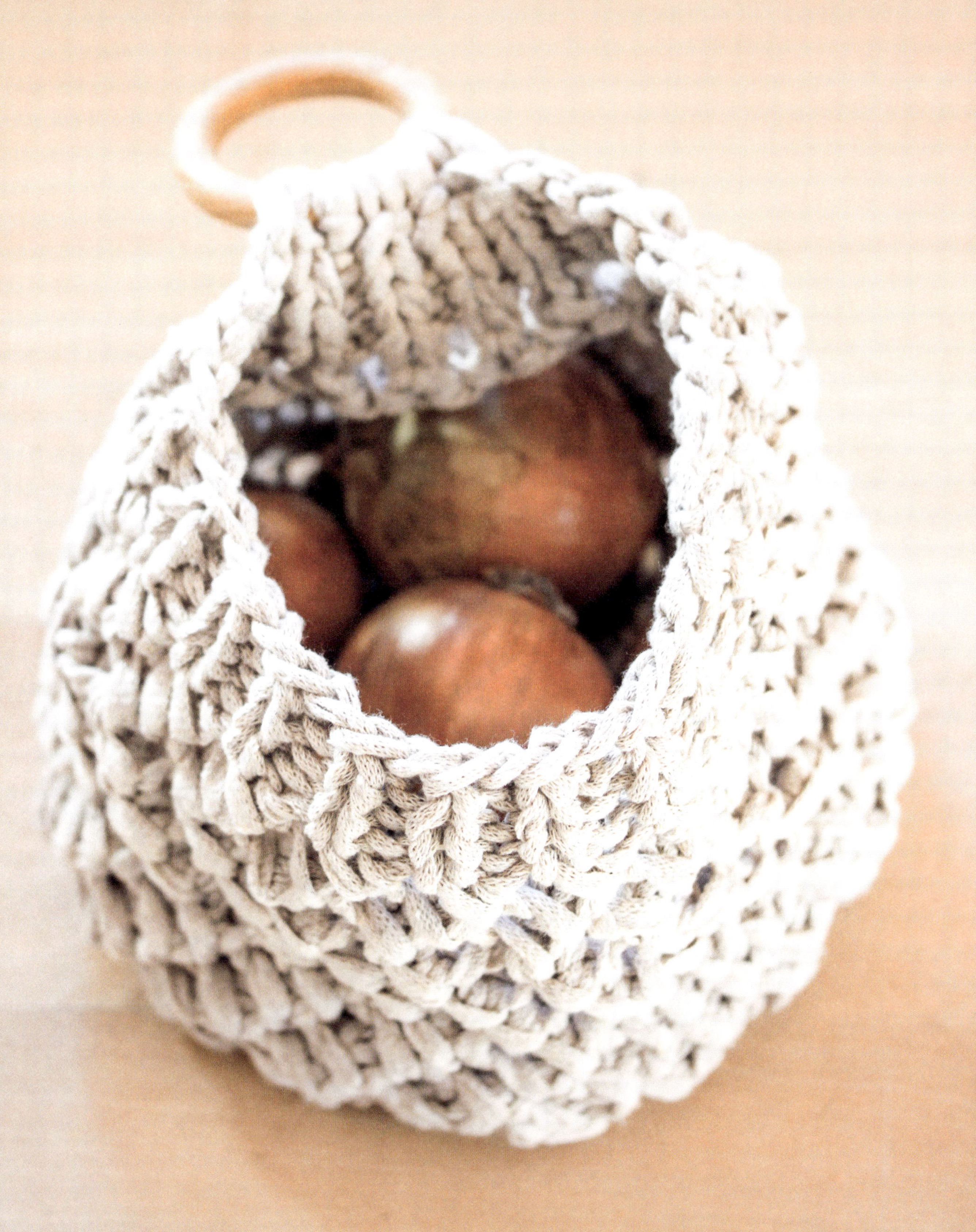

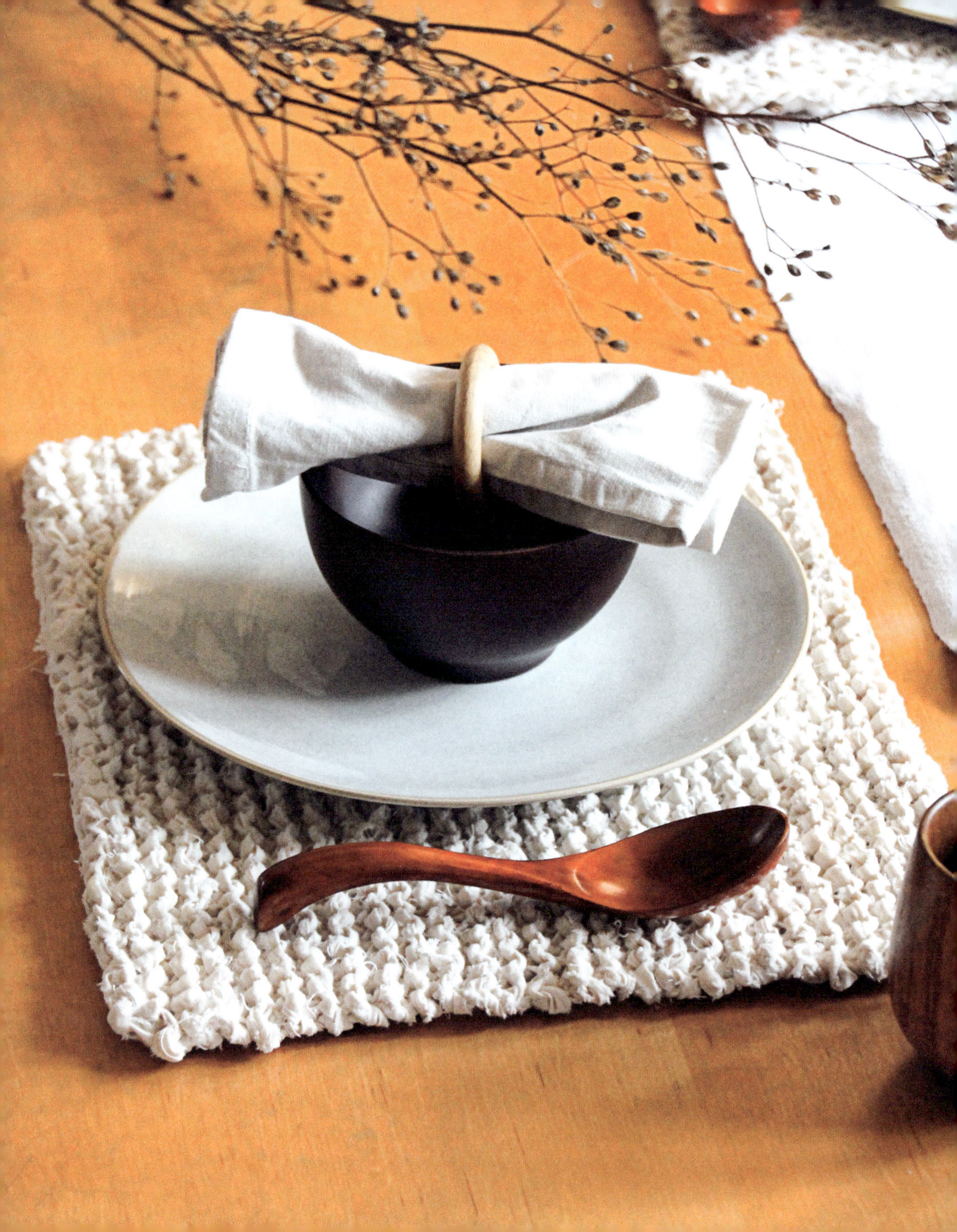

PLATZSETS

Skills: Anfänger, sehr leicht

Der in Streifen gerissene Stoff und das unkomplizierte rustikale Muster lassen den gedeckten Tisch gleich viel kuschliger und behaglicher wirken. Die Platzsets wurden in der Breite angeschlagen und gestrickt. Auf diese Weise ergibt sich ein sehr hübsches längsgestreiftes Muster. Wichtig ist, immer schön locker zu stricken. Die Stoffstreifen sind nicht elastisch, wie Wolle es ist, und rutschen darum nicht ganz so leicht über die Nadel, wenn zu fest gestrickt wird.

GRÖSSE: ABHÄNGIG VOM MATERIAL, IN DIESEM BEISPIEL:
SMALL CA. 35 X 26 CM
MEDIUM CA. 40 X 30 CM
LARGE CA. 45 X 35 CM

Material

- Selbst gemachtes Baumwollgarn (siehe Seite 24, hier aus einer alten Tischdecke) oder ähnliches Material, pro Platzset ca. 125 g (je nach Stoffstärke)
- alternativ: We Are Knitters The Tape (100 % Recycling-Baumwolle, LL ca. 120 m/250 g), ca. 125 g (halbes Knäuel)
- evtl. Label

Nadeln

Rundstricknadel 7,0 mm | 40 cm lang
Wollnadel

Grundmuster

Kraus rechts: In Hin- und Rückreihen alle Maschen rechts stricken.

Maschenprobe

Mit Nd 7,0 mm kraus rechts:
10 M und 22 R = 10 x 10 cm

ANLEITUNG

35 M anschl.

1.–55. R oder bis 26 cm Höhe: Kraus rechts str.

Letzte R: Locker abk.

Fertigstellung

Die Fäden vernähen, das Platzset spannen, sanft dämpfen, ggf. ein dekoratives Label annähen.

PFLEGE

Der Stoff wird so gewaschen wie das Ausgangsmaterial bisher auch. Feucht in Form ziehen und trocknen lassen.

VARIANTEN

Die Platzsets sind in der Größe S gestrickt und passen auf einen kleinen Tisch, unter Kuchenteller und Suppenschüsseln.

Für größere Sets:

Größe M: 40 Maschen anschlagen und 63 Reihen stricken (40 x 30 cm).

Größe L: 45 Maschen anschlagen und 75 Reihen stricken (45 x 35 cm).

„Schau tief in die Natur und dann wirst du alles besser verstehen."

Albert Einstein

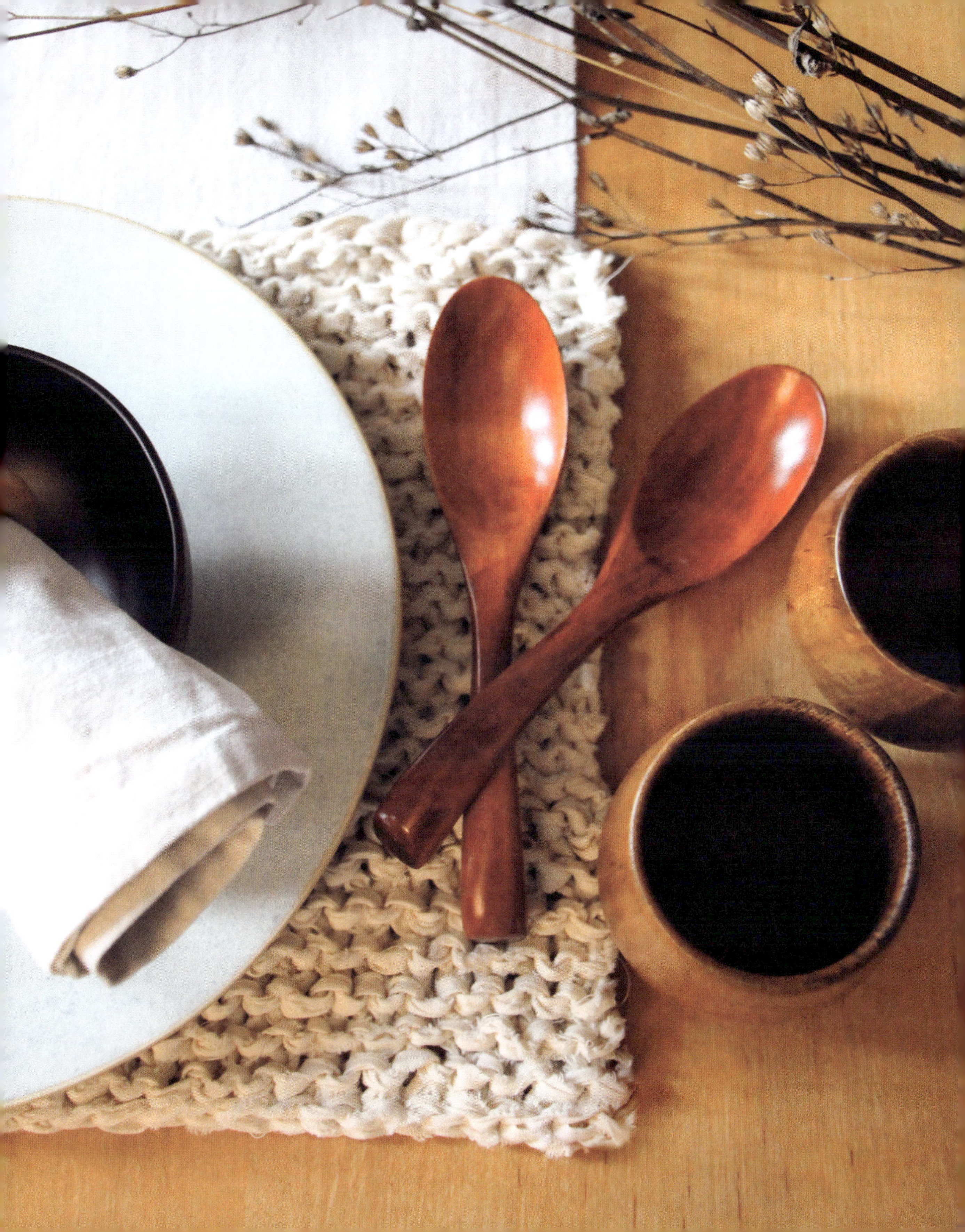

KÜCHENKÖRBCHEN

Skills: Anfänger, sehr leicht

Ich nutze sehr gerne Körbe zur Aufbewahrung von allerlei Dingen im ganzen Haus. Auch in der Küche für eingerollte Geschirrtücher, Platzsets oder Lebensmittel, die wir im Laufe einer Woche aufbrauchen möchten. Ingwer, Knoblauch, Zwiebeln, Rosenkohl, aber auch Brot und Brötchen können darin hübsch und ansprechend aufbewahrt werden.

GRÖSSE: CA. 10 X 15 CM

Material

- We Are Knitters The Tape (100 % Recycling-Baumwolle, LL ca. 120 m/250 g) in Grau, oder selbst gemachtes T-Shirt-Garn (siehe Seite 22), 50 g
- ggf. Lederstreifen und 1 Niete oder Label

Nadeln

Nadelspiel 8,0 mm
Wollnadel

Grundmuster

Kraus rechts in Runden: 1. Runde rechte Maschen, 2. Runde linke Maschen im Wechsel stricken.
Glatt rechts in Runden: Alle Maschen rechts stricken.

Maschenprobe

Mit Nd 8,0 mm glatt rechts:
12 M und 17 R = 10 x 10 cm

ANLEITUNG

40 M anschl, gleichmäßig auf das Nd-Spiel verteilen: 10 M / Nd, zur Rd schließen.
1.–4. Rd bzw. bis 2,5 cm Höhe: Kraus rechts str.
5.–24. Rd bzw. bis 16 cm Höhe: Glatt rechts str.
25.–27. Rd bzw. bis 18 cm Höhe: Immer 2 M rechts zus str, bis nur noch 5 M auf der Nd sind.

Fertigstellung

Den Endfaden ca. 20 cm lang abschneiden und in die Woll-Nd fädeln. Verbliebene M mit der Woll-Nd auffädeln, die Öffnung zuziehen, schließen und den Faden gut vernähen. Den Rand umschlagen und ggf. als Verzierung den Lederstreifen annieten. Nieten gibt es im Internet oder im Kurzwarengeschäft. Hier bitte die Herstellerhinweise beachten.

PFLEGE

Nach Pflegeanleitung auf der Banderole waschen und trocknen lassen. Feucht in Form ziehen. Ggf. ein zusammengerolltes Handtuch aufrecht ins Körbchen stellen und in Form trocknen lassen.
Wenn das Körbchen mit Lederstreifen gearbeitet wird, nach der Pflegeanweisung des Leders reinigen.

VARIANTEN

Die Anleitung ist für ein kleines Körbchen geschrieben. Für größere Körbchen schlägt man einfach mehr Maschen an: Für Größe M z. B. 60 Maschen, für Größe L z. B. 70 Maschen. Die Länge ganz nach persönlichem Geschmack arbeiten.

Um die Standfestigkeit zu gewährleisten, sollte es nicht zu hoch sein, sondern eher eine Würfelform haben.

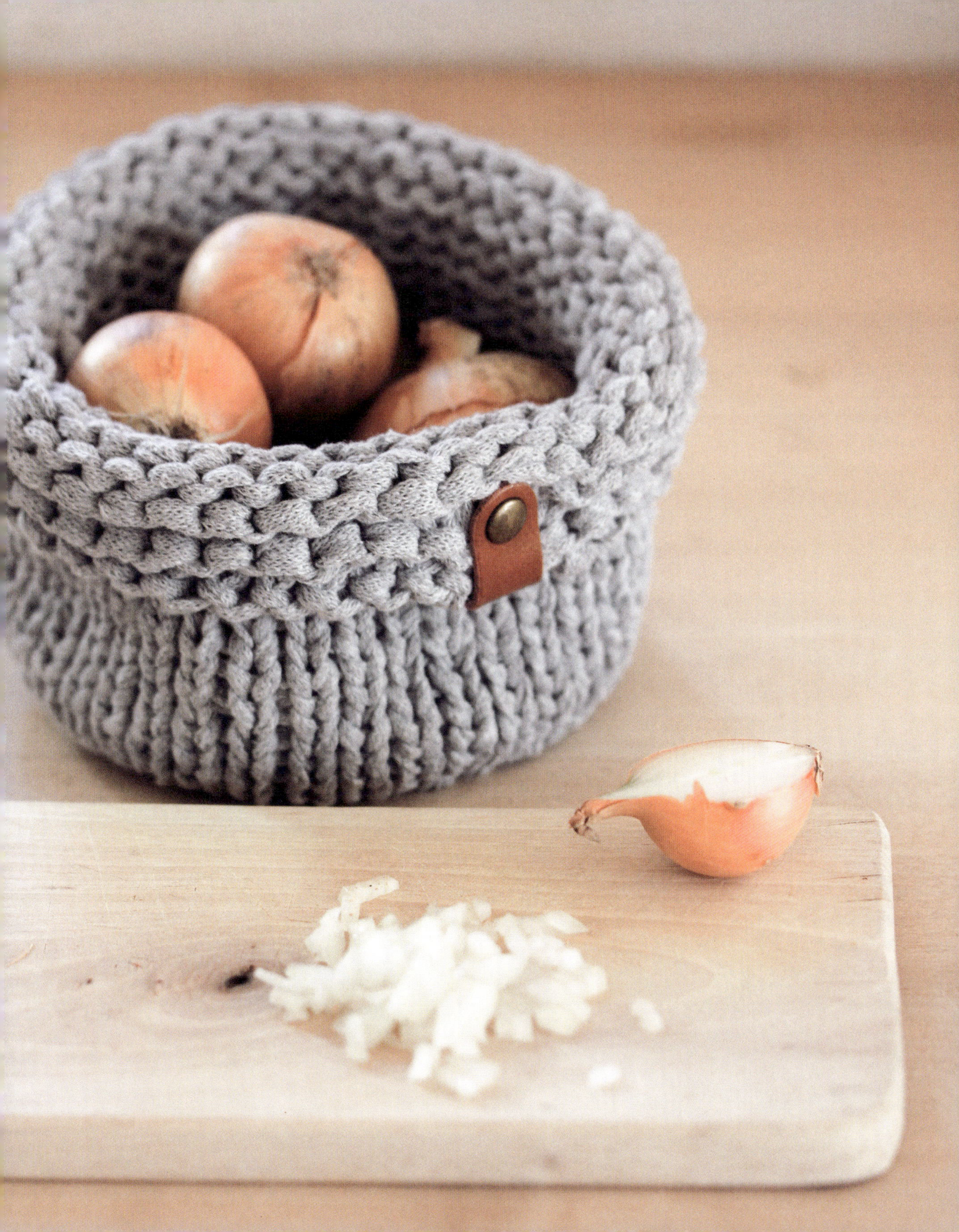

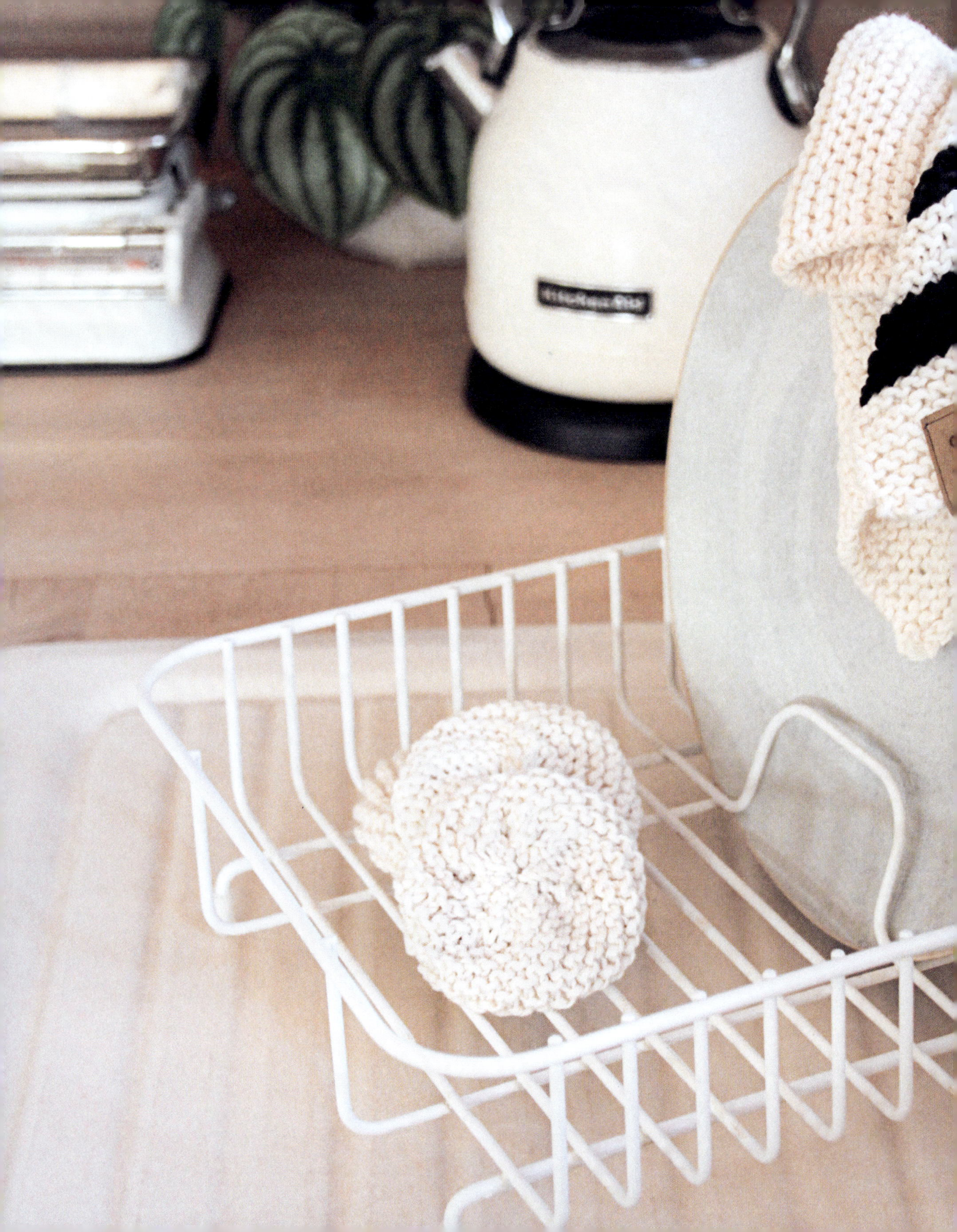

SPÜLSCHWAMM

Skills: Anfänger, sehr leicht

Die kleinen Baumwollschwämme sind gut geeignet für leichte Verschmutzungen und schonend zu empfindlichen Oberflächen wie Glas oder Edelstahl. Für etwas stärkere Verschmutzungen kann man die Baumwolle auch gut durch Sisal oder Jute ersetzen und kleine Scheuerchen daraus stricken. Ich mag diese kleinen Spülschwämme sehr gerne, da sie anders als Spüllappen durch ihre Machart ein gewisses Maß an Reibung vertragen. Sie sind auch toll geeignet für die Garnresteverwertung und immer wieder schnell gestrickt und ersetzt, wenn die alten ihren Dienst getan haben.

GRÖSSE: DURCHMESSER CA. 8 CM

Material

- Lana Grossa Linea Pura Organico (100 % Bio-Baumwolle, LL ca. 90 m/50 g) in Ecru (Fb 006), 50 g, oder Reste von ähnlich starkem Baumwollgarn

Nadeln

2 Nadeln eines Nadelspiels 4,0 mm
oder Rundstricknadel 4,0 mm
Wollnadel

Grundmuster

Kraus rechts in Reihen: In Hin- und Rückreihen alle Maschen rechts stricken.

Maschenprobe

Mit Nd 4,0 mm kraus rechts:
24 M und 18 R = 10 x 10 cm

ANLEITUNG

25 M anschl, den Arbeitsfaden dabei sehr lang bemessen (ca. 30 cm), er wird später gebraucht.

1. R: Zun arbeiten: Aus der 1. M 2 M herausstr: Von vorne in die M einstechen, rechts str, die M aber nicht abheben. Von hinten in dieselbe M einstechen, rechts str und abheben. Das Ergebnis sind 2 M. (Alternativ: 1. M str, 1 M rechts aus dem QF zwischen 1. und 2. M herausstr (= neue 2. M). Alle weiteren M glatt rechts str bis 2 M vor R-Ende. Diese letzten beiden M durch zusstr abn.

2. R: Abn arbeiten: Die 1. und 2. M rechts zusstr. Alle weiteren M rechts str bis zur letzten M. Hier Zun arbeiten: 2 M aus 1 M herausstr oder 1 M aus dem QF zwischen vorletzter und letzter M zun.

3.–20. R bzw. bis 19 cm Seitenlänge: Die 1. und 2. R stets wdh.

Letzte R: Locker abk, den Arbeitsfaden lang bemessen und abschneiden.

Fertigstellung

Die Enden so einschlagen, dass sie die gesamte gerade Fläche bedecken und ein Rechteck entsteht.

Die offenen Kanten (Anschl- und Abk-Kante) mithilfe der Woll-Nd im Maschenstich zusammennähen (Abb. 1). Eine der offenen Seiten im Ziehharmonikastich auffädeln und fest zusammenziehen (Abb. 2), dabei die Reißfestigkeit des Garns beachten!

Die Naht schließen und den jeweiligen Faden vernähen. Mit der anderen Seite genauso verfahren, jedoch vor dem Vernähen mehrmals durch die Mitte des Schwamms stechen und auf diese Weise beide Schichten miteinander verbinden. Den Arbeitsfaden fest vernähen – fertig.

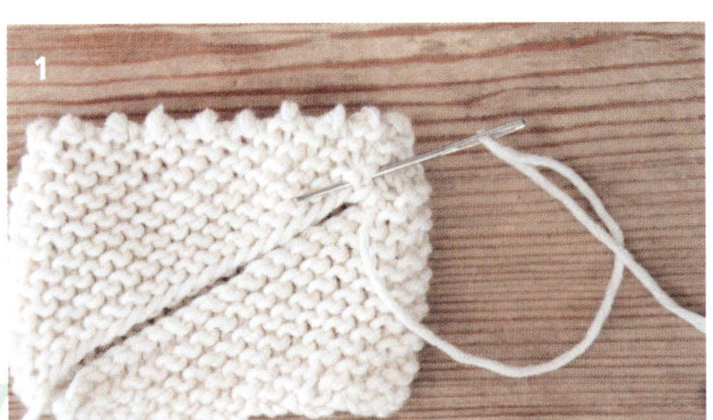
1

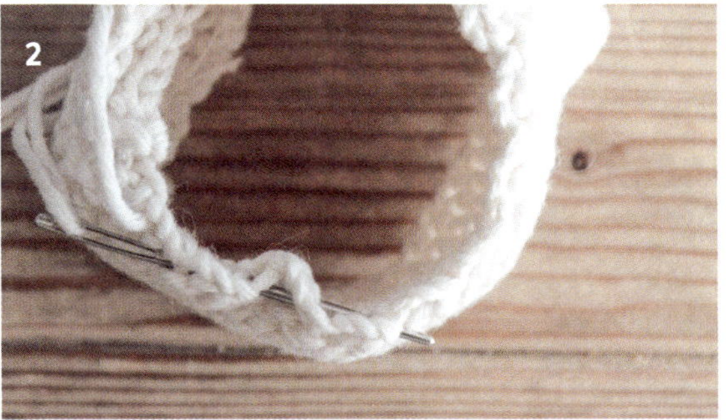
2

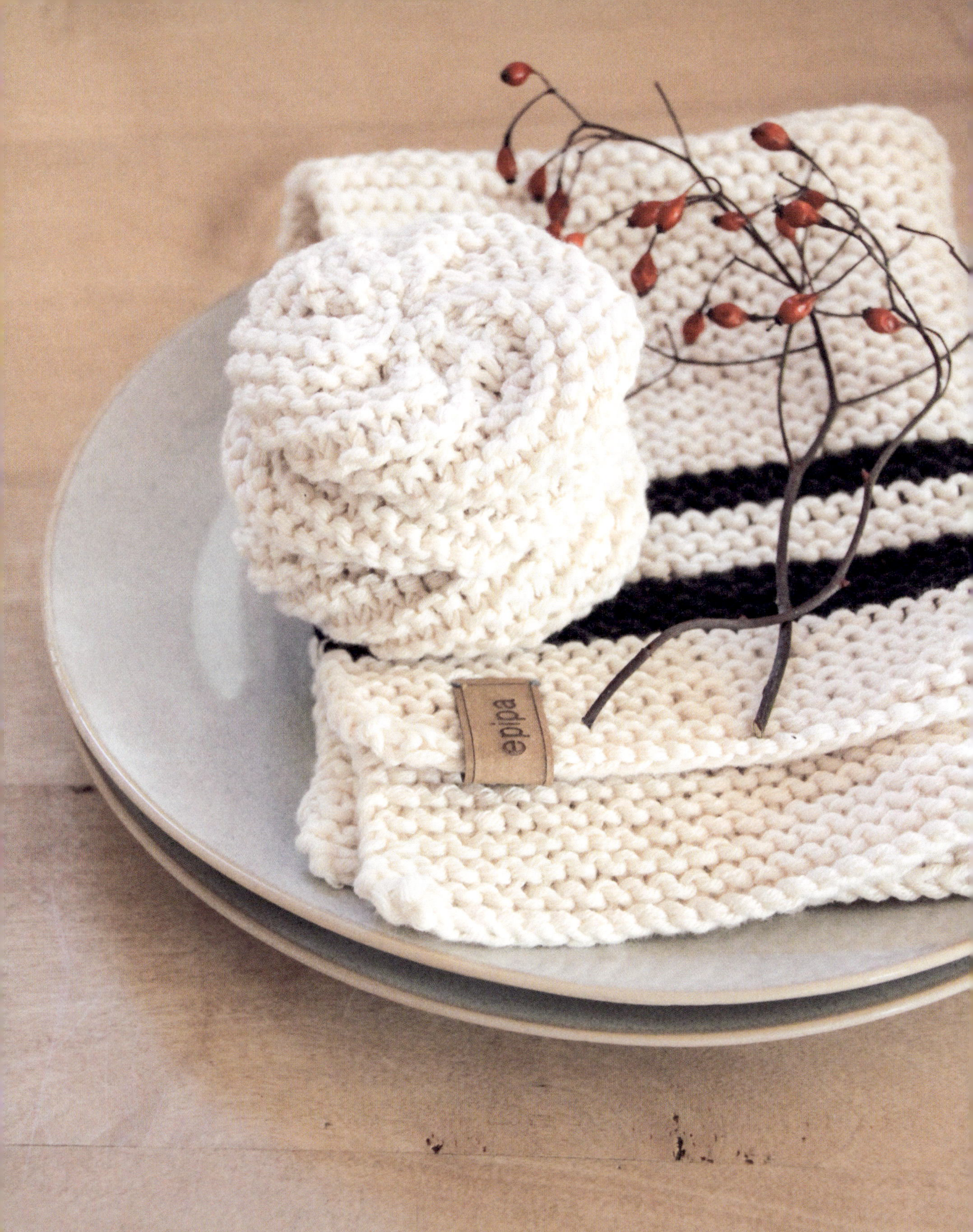
epipa

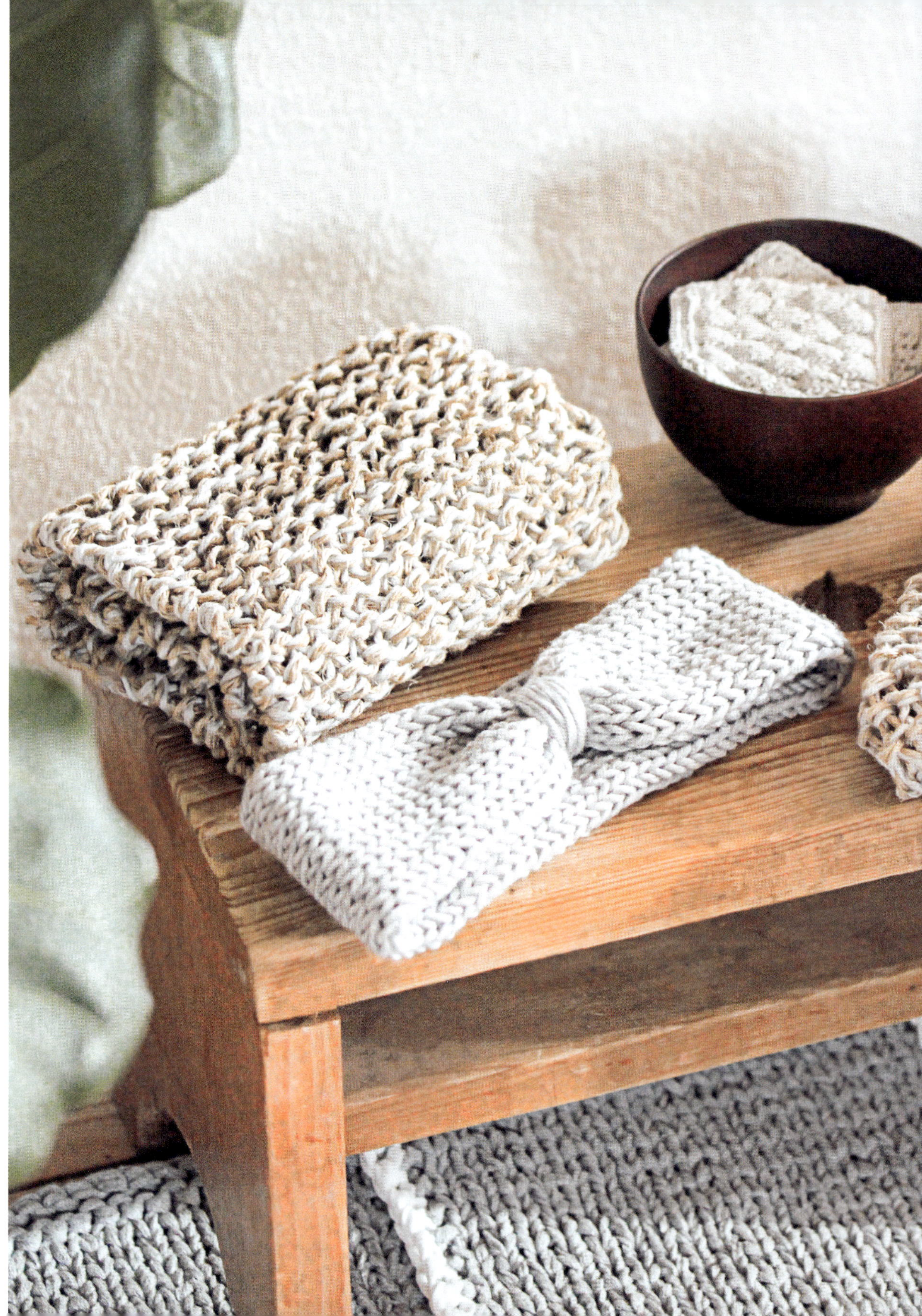

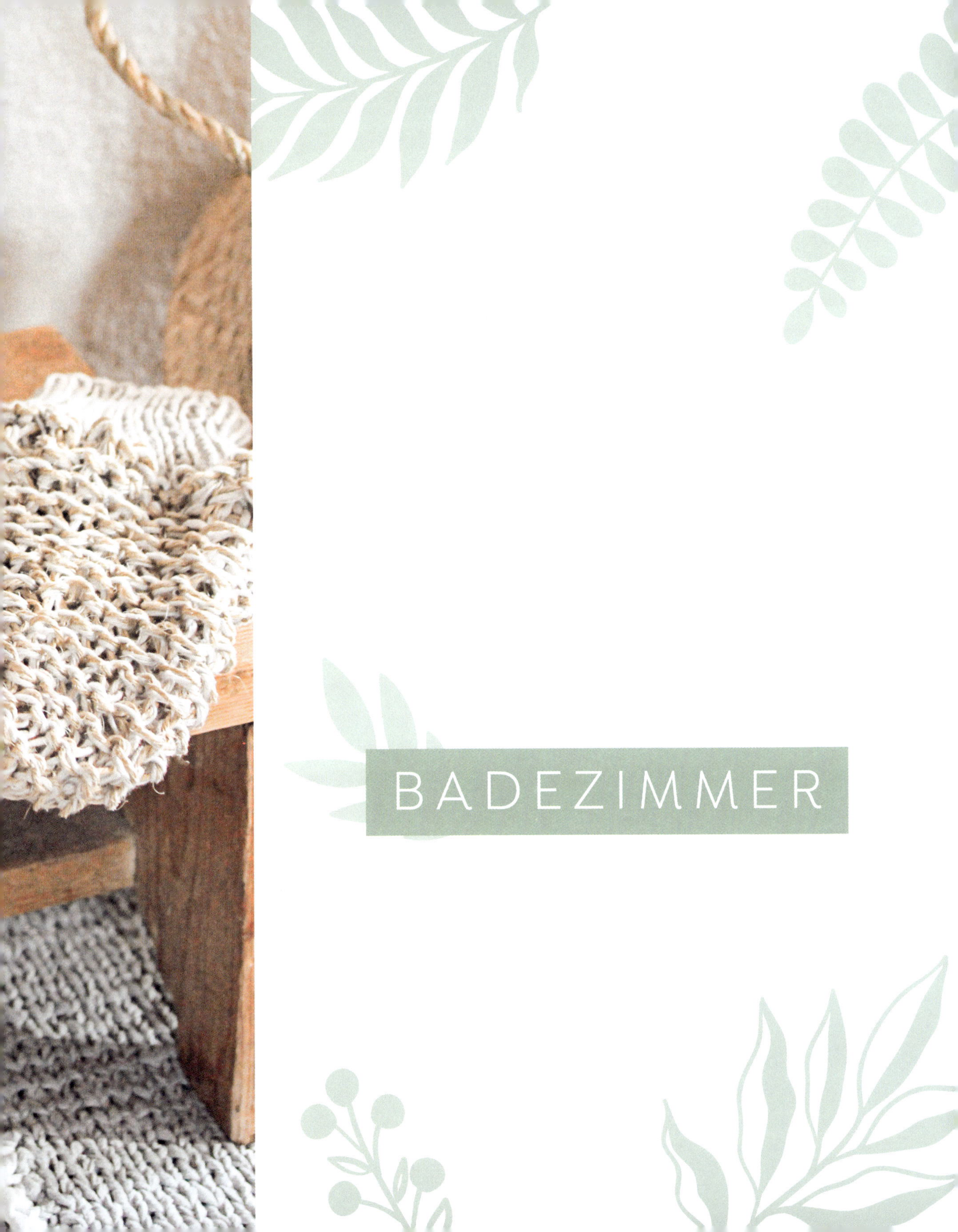

BADEZIMMER

EINLEITUNG

Das Bad ist ein Ort der Entspannung und Harmonie. Hier kann man den Alltag für einen Moment vor der Tür lassen und Körper und Seele in Einklang bringen.

Ich habe oft einen sehr ausgelasteten und aktiven Alltag. Darum habe ich es mir zur Gewohnheit gemacht, regelmäßig auf mich zu achten und Self-Care-Momente zu ermöglichen. Das kann an einem verregneten Wochenende in gemütlicher Kuschelkleidung, mit Tee, Detox und Soul Food sein oder auch nur kleine Momente am Abend, bei denen ich mir eine Tasse Tee koche, entspannende Musik höre, einen Film sehe und eine selbst gerührte Maske auftrage.

Einmal wöchentlich versuche ich mir etwas Zeit nur für mich zu nehmen, Zeit, zu entschleunigen und mir etwas Gutes zu tun. Eine kleine Auszeit für Körper und Seele, nur mir und meinem Wohlbefinden gewidmet. Dann ist es Zeit für einen Home-Spa-Day. Immer wieder kommt auch meine Tochter dazu, und wir machen uns eine schöne Mama-Tochter-Zeit.

Die Vorbereitung allein zelebriere ich schon mit Genuss. Ich zünde Duftkerzen an, suche mir entspannende Musik, koche entschlackenden Kräutertee oder bereite ein Detox-Wasser vor – und wenn es dann noch draußen kalt und regnerisch ist – herrlich! Ein wesentlicher Bestandteil meines Home-Spa-Days sind neben Detox und Soul Food eben auch Massagen und Peelings.

Wir alle wissen: Ein gutes Körperpeeling fördert die Durchblutung, entfernt alte Hautschüppchen, regt den Reparaturmechanismus der Haut an und ist eine gute Vorbereitung für die darauffolgende Pflege mit Cremes oder Masken. Darum habe ich nicht nur einen Massagehandschuh (Seite 91) entworfen, sondern auch einen „Scrubbie" für den Rücken (Seite 94).

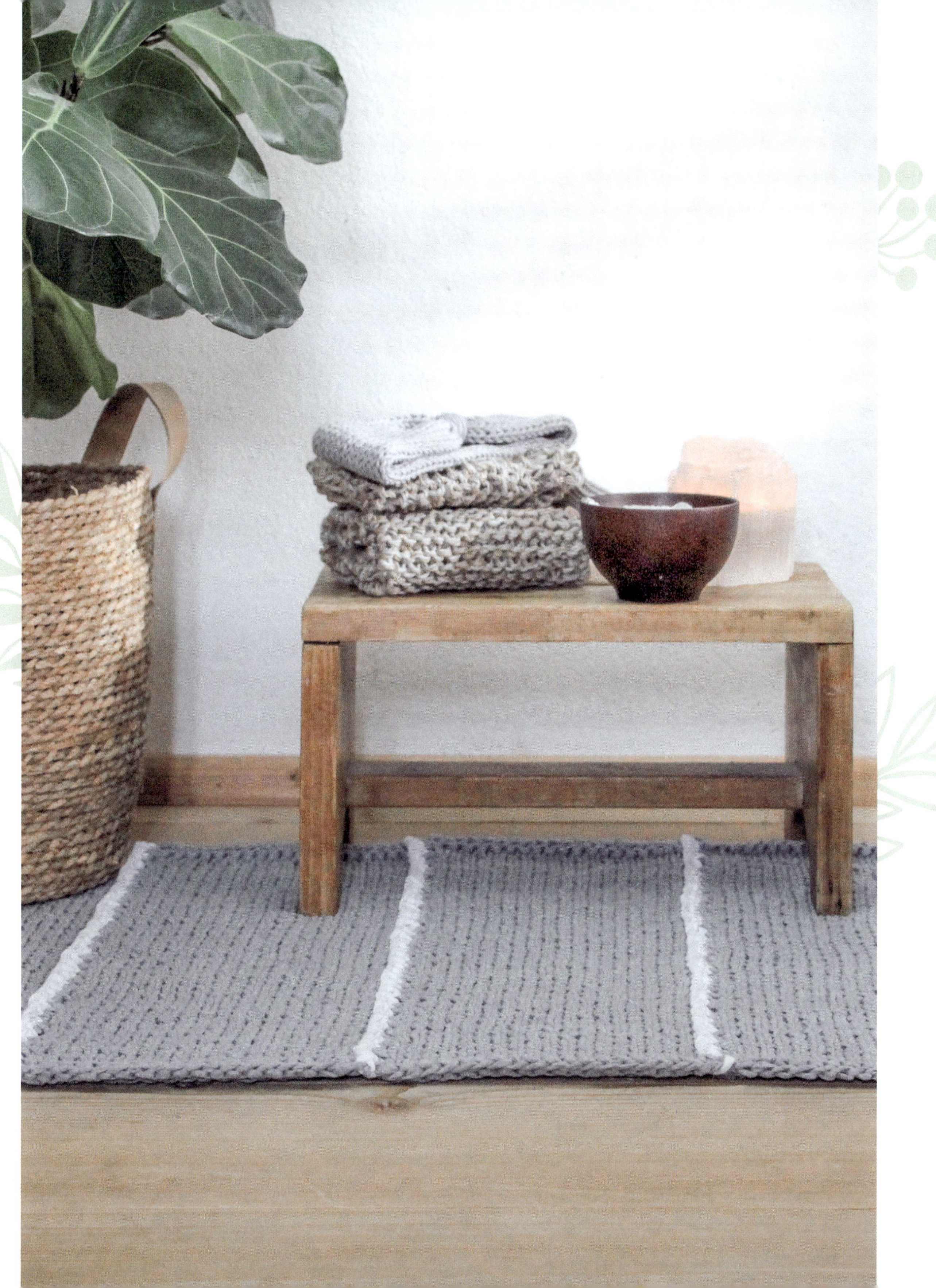

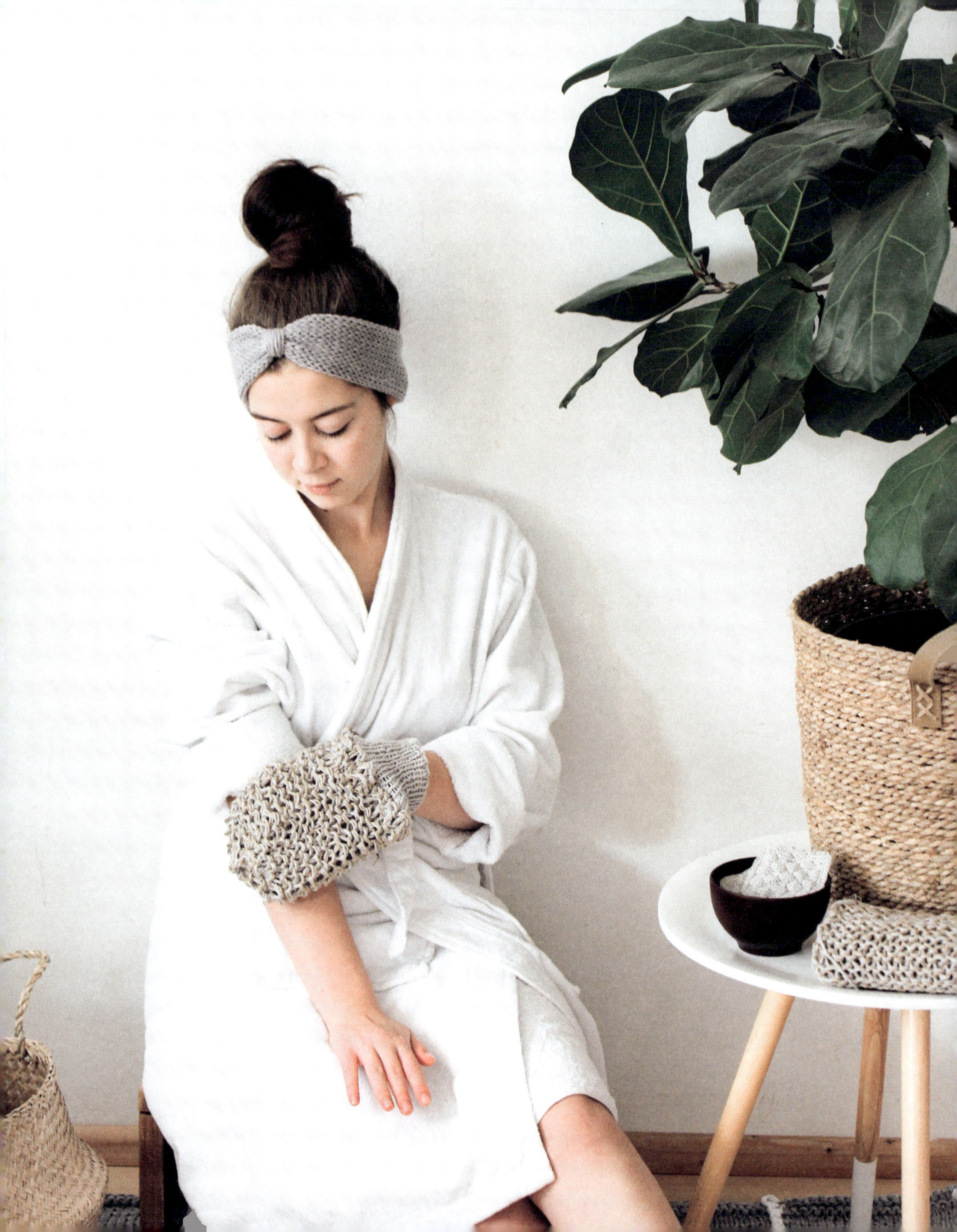

BODY-SCRUBBIE MASSAGEHANDSCHUH

Skills: Anfänger, sehr leicht

Im Handel kann man unzählige Varianten eines Massagehandschuhs kaufen, von Nylon über Polyester bis hin zu Naturprodukten wie Hanf oder Sisal. Meine Oma hätte dazu gesagt: „Das kann man doch ganz leicht selbst machen." Der kleine Body-Scrubbie-Massagehandschuh ist sehr schnell und einfach gestrickt und im Handumdrehen fertig. Die Manschette aus Baumwolle sorgt für einen guten Sitz, die zweifädig gestrickte Massagefläche aus Baumwolle und Sisalgarn für ein angenehmes Körperpeeling.

GRÖSSE: CA. 14 X 24 CM

Material

- Lana Grossa Linea Pura Organico (100 % Bio-Baumwolle, LL ca. 90 m/50 g) in Steingrau (Fb 029), 50 g, oder Rest von vergleichbar starkem Baumwollgarn
- 100 m Sisal- oder Jutegarn, 3 mm Durchmesser

Nadeln

Nadelspiel 4,0 mm
Nadelspiel 8,0 mm
Wollnadel

Grundmuster

Bündchen: 1 Masche rechts, 1 Masche links im Wechsel stricken.

Kraus rechts in Runden: 1. Runde rechte Maschen, 2. Runde linke Maschen im Wechsel stricken.

Maschenprobe

Mit Nd 8,0 mm doppelfädig mit Baumwolle und Sisal- oder Jutegarn kraus rechts:
22 M und 24 R = 10 x 10 cm

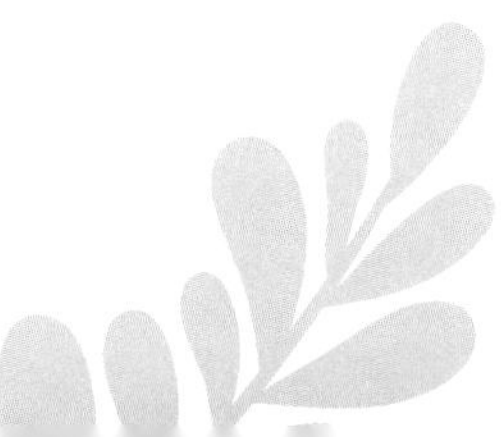

ANLEITUNG

40 M mit Baumwollgarn anschl, zur Rd schließen.

1.–19. Rd bzw. bis 8 cm Höhe: Im Bündchenmuster str: 1 M rechts, 1 M links im Wechsel.

20. Rd: Weiter im Bündchenmuster, alle M locker str, da in der nächsten Rd Wechsel auf Nd 8,0 mm.

21. Rd: Auf Nd 8,0 wechseln, Sisalgarn dazunehmen und mit doppeltem Faden weiterstr, jedoch in dieser Rd die M-Anzahl reduzieren und Abn arbeiten: je 2 M rechts zus str, bis nur noch 20 M auf den Nd verbleiben.

22.–38. Rd bzw. bis 22 cm Höhe: Kraus rechts str.

Letzte Rd: Abn arbeiten: Je 2 M rechts zus str, bis nur noch 8 M auf den Nd verbleiben.

Fertigstellung

Den Endfaden ca. 25 cm lang abschneiden und in die Woll-Nd einziehen. Mittels Woll-Nd die M von den Strick-Nd abheben, die Öffnung zus ziehen und die Fäden vernähen.

PFLEGE

Nach Gebrauch mit klarem Wasser spülen und gut belüftet trocknen lassen.

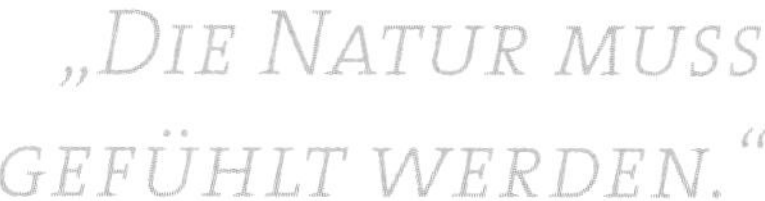

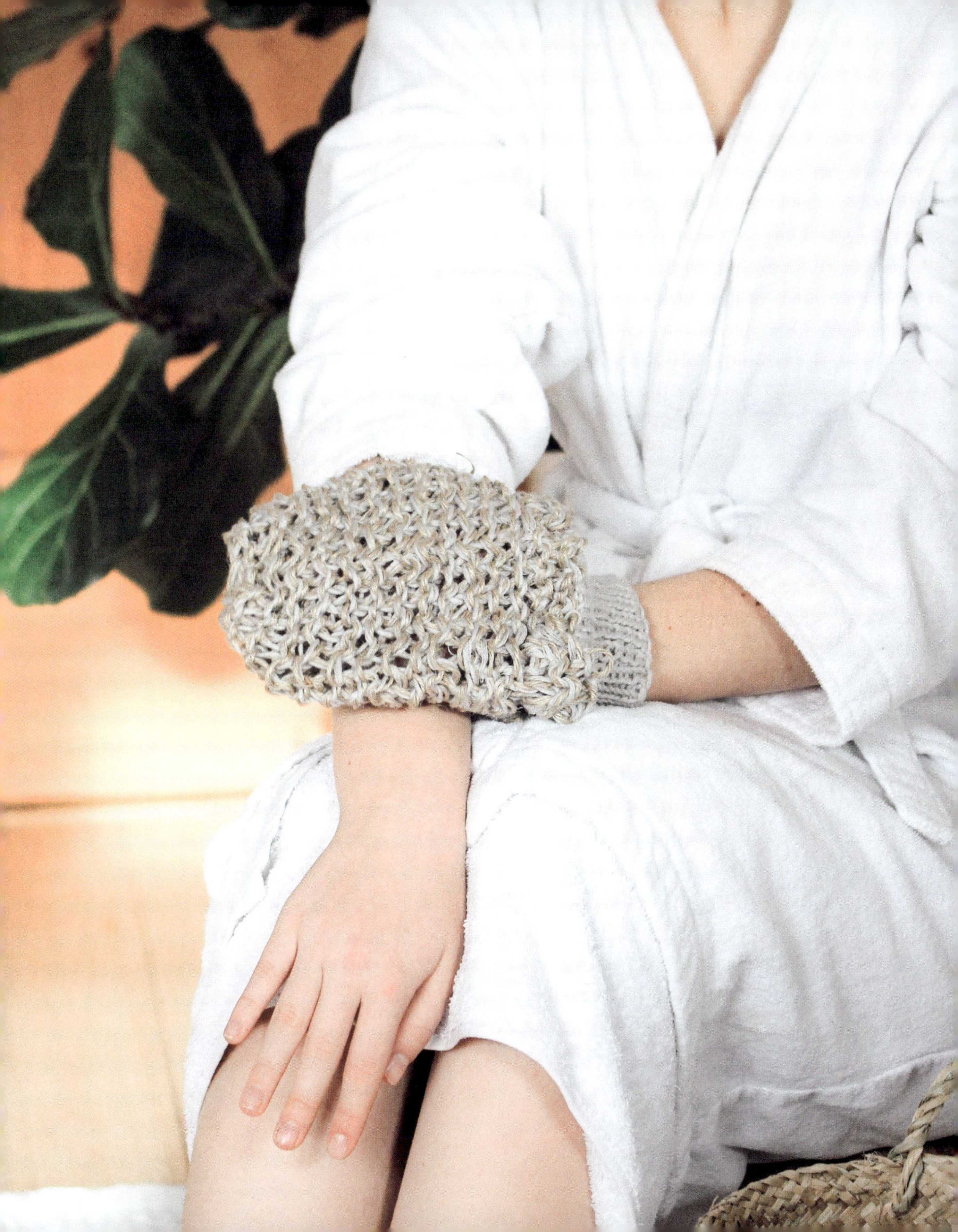

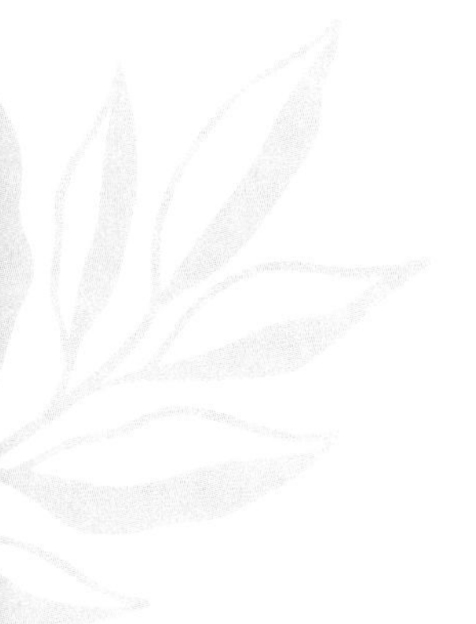

BODY-SCRUBBIE FÜR DEN RÜCKEN

Skills: Anfänger, sehr leicht

Sanftes Peeling regt die Blutzirkulation an, Giftstoffe können besser aus den Zellen transportiert werden, die Haut fühlt sich frischer und belebter an und ist bereit, Cremes und Masken in ihrer ganzen Wirkung aufzunehmen. Natürlich darf deshalb ein Sisal-Body-Scrubbie auf keinen Fall fehlen. Ich habe ihn mit doppeltem Faden aus Sisal- und Baumwollgarn gestrickt. So hat er für mich genau den richtigen Peelinggrad.

GRÖSSE: CA. 15 X 50 CM

Material

- Lana Grossa Linea Pura Organico (100 % Bio-Baumwolle, LL ca. 90 m/50 g) in Steingrau (Fb 029), 50 g, oder Rest von vergleichbar starkem Baumwollgarn
- Sisal- oder Jutegarn, 3 mm Durchmesser, 200 m
- ggf. 2 Holzgriffe (hier: ausrangierte Gardinenringe)

Nadeln

Rundstricknadel 9,0 mm
Wollnadel

Grundmuster

Kraus rechts in Reihen: Alle Maschen rechts stricken.

Maschenprobe

Mit Nd 9,0 mm doppelfädig mit Baumwolle und Sisal- oder Jutegarn kraus rechts:
22 M und 24 R = 10 x 10 cm

ANLEITUNG

15 M mit beiden Garnen anschl.
1.–94. R bzw. bis 50 cm Höhe: Kraus rechts str.
95. R: Locker abk.

Fertigstellung

Die Fäden vernähen, den Body-Scrubbie spannen. Anschließend an beiden Enden die Griffe annähen oder -häkeln.

PFLEGE

Nach Benutzung mit klarem Wasser auswaschen und gut belüftet trocknen lassen.

VARIANTEN

Wenn keine Holzgriffe zur Hand sind, einfach eine Kordel häkeln oder stricken und annähen.

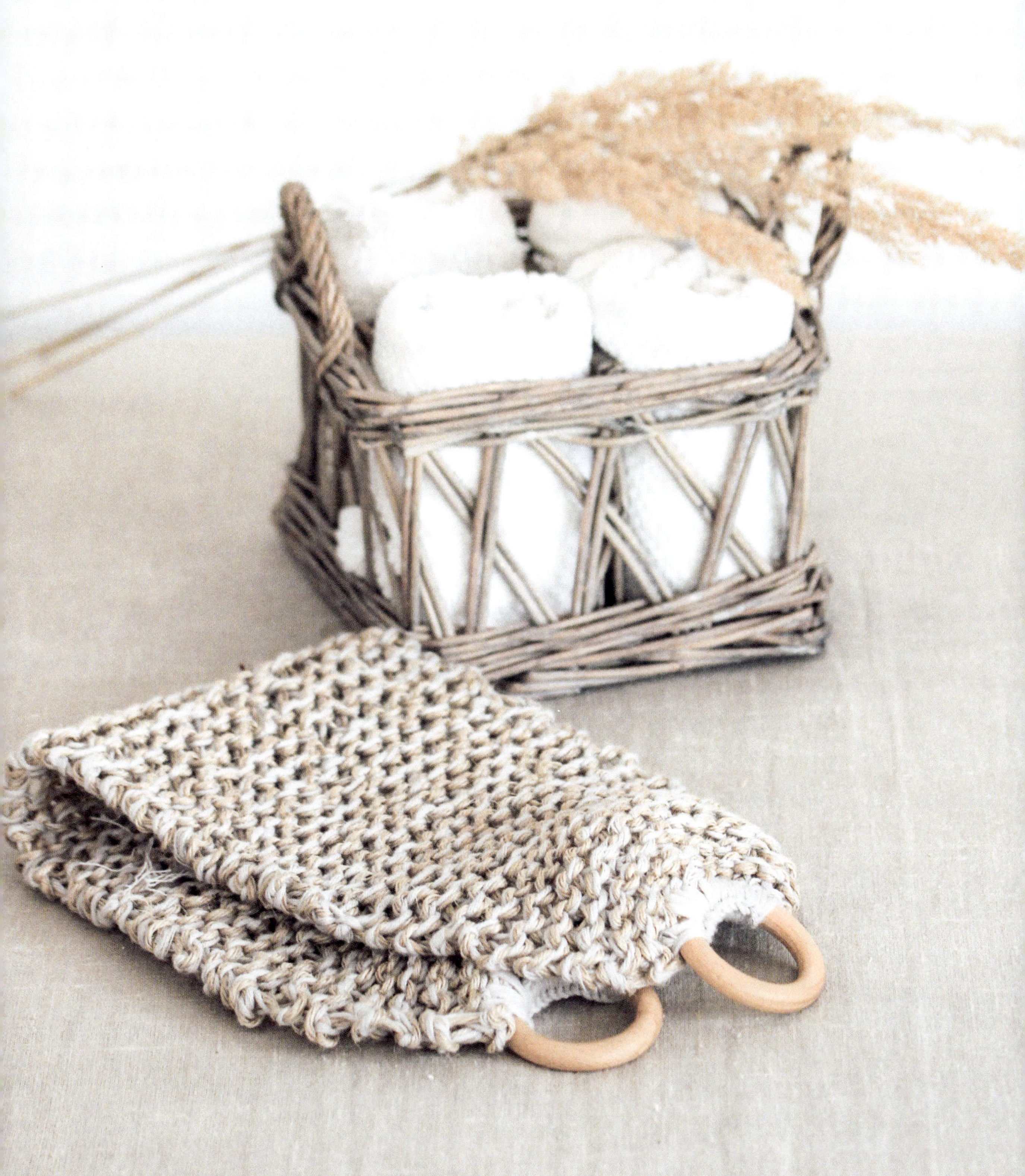

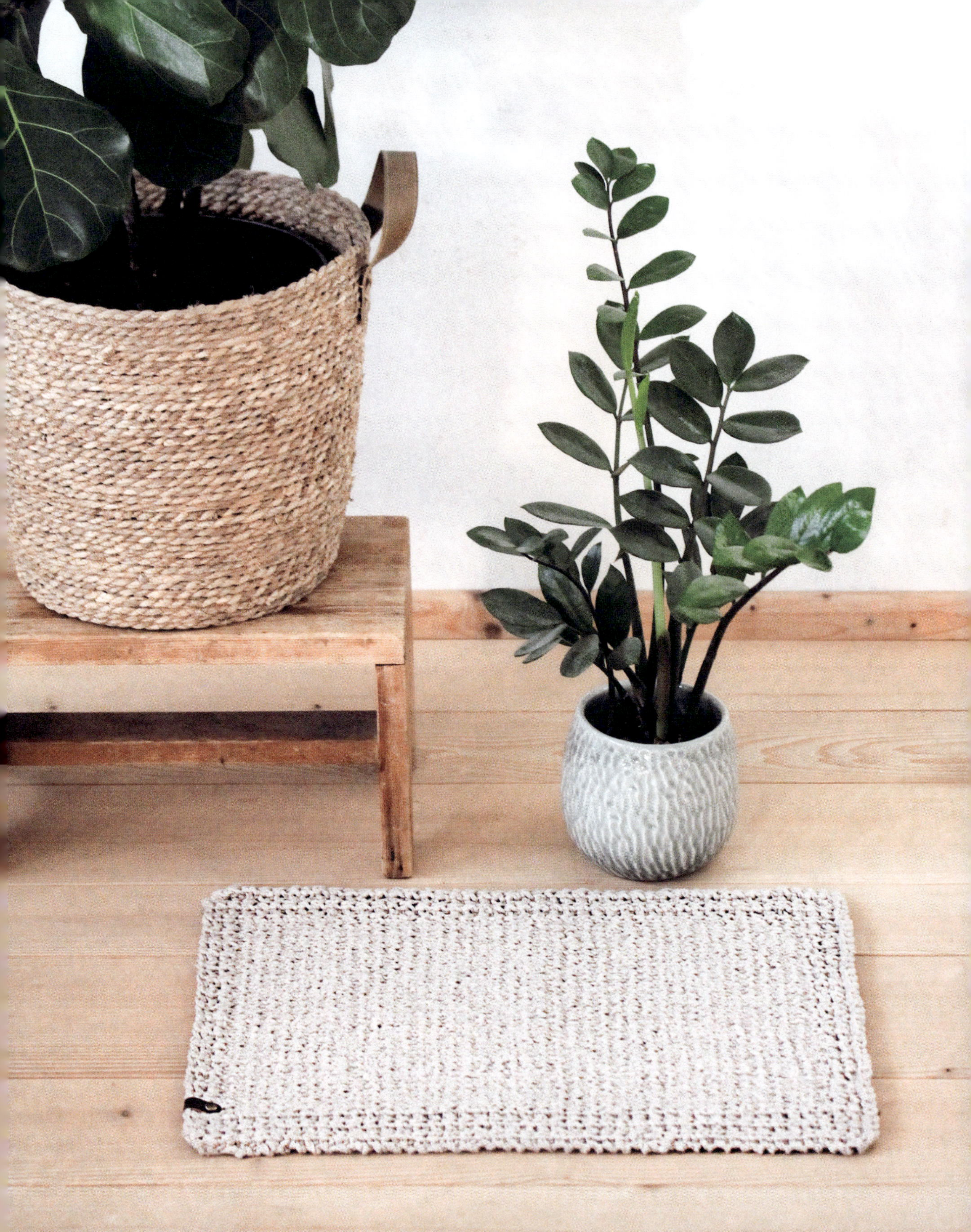

KLEINER BADTEPPICH

Skills: Anfänger, sehr leicht

Das unaufdringliche und unkomplizierte Muster dieses kleinen Badezimmerteppichs passt sowohl in ein romantisch-rustikales als auch in ein klares und modernes Bad. Der kleine Teppich ist eine leichte Strickarbeit, die ohne viel zu zählen an einem Wochenende fertiggestellt werden kann. Ich habe hier recyceltes Garn aus der T-Shirt-Produktion verwendet, aufgrund seiner geringen Größe kann der Teppich aber auch sehr gut aus selbstgemachtem T-Shirt-Garn oder gerissenen Baumwollstreifen gestrickt werden.

GRÖSSE: CA. 38 X 54 CM

Material

- We Are Knitters The Tape (100 % Recycling-Baumwolle, LL ca. 120 m/250 g) in Beige, 2x 250 g
- alternativ: selbst gemachtes T-Shirt-Garn (siehe Seite 22) bzw. Baumwollstreifen, ca. 500 g
- ggf. Label

Nadeln

Rundstricknadel 7,0 mm | 60 cm lang
Wollnadel

Grundmuster

Glatt rechts in Reihen: In Hinreihen alle Maschen rechts, in Rückreihen alle Maschen links stricken.

Maschenprobe

Mit Nd 7,0 mm glatt rechts:
12 M und 17 R = 10 x 10 cm

ANLEITUNG

41 M anschl.
1. R: Glatt rechts str.
2. R: 1 M rechts, 1 M links im Wechsel str.
3.–5. R: Die 1. und 2. R noch 1x wdh, dann die 1. R noch 1x str.
6. R: Die 1.–5. M als Rand-M str (1 M rechts, 1 M links im Wechsel); die 6.–36. M links str, die 37.–41. M als Rand-M str.
7. R: Alle M rechts str.
8.–80. R bzw. bis 50 cm Höhe: Die 6. und 7. R stets wdh.
81.–85. R: Wie die 1.–5. R str.
86. R bzw. bei 54 cm Höhe: Alle M locker abk.

Fertigstellung

Alle Fäden vernähen. Den Teppich spannen und sanft dämpfen. Nach Wunsch ein Label oder ein Ledertag annähen.

PFLEGE

Die Herstellerhinweise beachten. Bei recycelten Garnen, wie T-Shirt-Garn oder Baumwollstreifen, den Teppich behandeln wie das Ausgangsmaterial.

VARIANTEN

Die Anleitung ist für einen Teppich der Größe S geschrieben. Für einen größeren Vorleger oder gar Teppich einfach entsprechend mehr Maschen anschlagen: z. B. für Größe M 61 Maschen, für Größe L 81 Maschen. Jeweils die ersten und letzten 5 Maschen als Randmaschen arbeiten. Die Länge ganz nach persönlichem Geschmack gestalten. Es sollte immer ein ausgewogenes Rechteck entstehen.

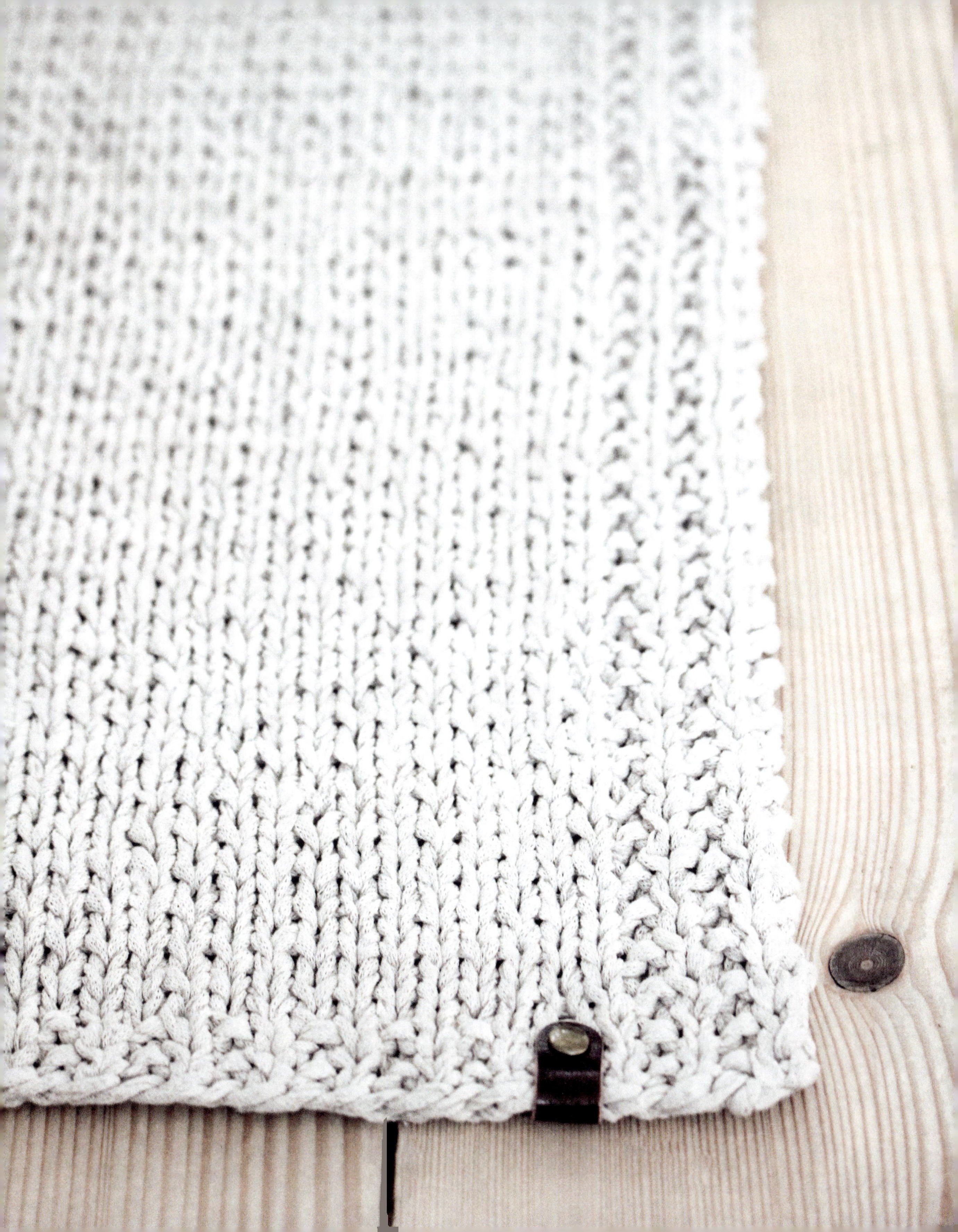

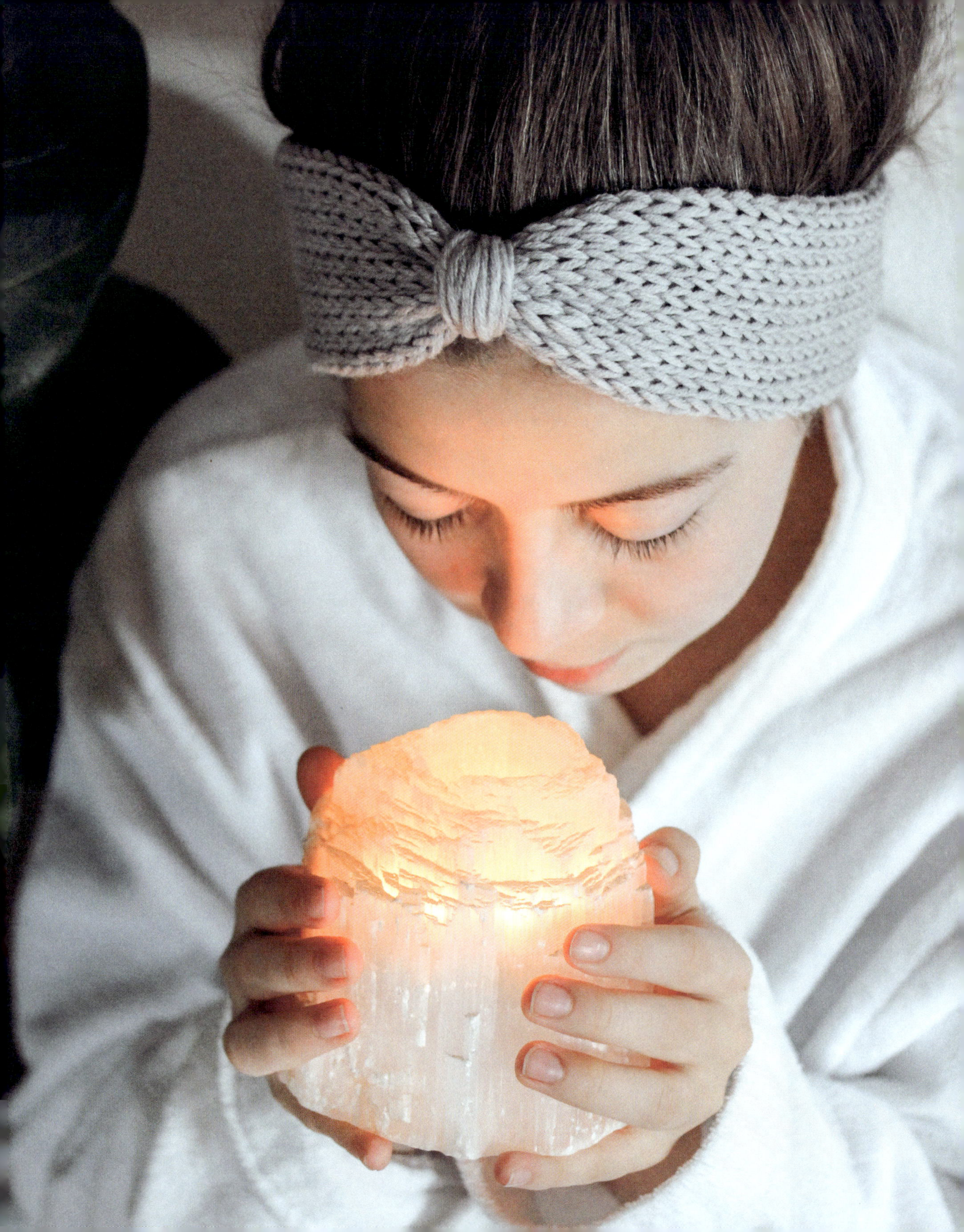

HAARBAND

Skills: Anfänger

Mein Spa-Haarband hält kleine Härchen aus dem Gesicht und hilft, die Maske oder ein Peeling dort aufzutragen, wo sie hingehören. Es ist auch beim Auftragen von Make-up oder dem abendlichen Abschminken nützlich. Das Haarband wird auf dem Nadelspiel in Runden glatt rechts gestrickt und später doppellagig zusammengenäht. Dadurch hält es schön warm und kann auch außerhalb des Badezimmers getragen werden.

GRÖSSE: CA. 7 CM BREIT, UNGEDEHNT 45 CM UMFANG ODER NACH BEDARF

Material

- Lana Grossa Linea Pura Organico (100 % Bio-Baumwolle, LL ca. 90 m/50 g) in Steingrau (Fb 029), 50 g

Nadeln

Nadelspiel 4,0 mm
Wollnadel

Grundmuster

Glatt rechts in Runden: Alle Maschen rechts stricken.

Maschenprobe

Mit Nd 4,0 mm glatt rechts:
18 M und 24 R = 10 x 10 cm

ANLEITUNG

24 M anschl, den Arbeitsfaden lang bemessen (ca. 30 cm) und die M gleichmäßig auf den Nd verteilen (6 M pro Nd). Die Arbeit zur Rd schließen.

1.–80. Rd bzw. bis 45 cm Höhe: Glatt rechts str.

Den Arbeitsfaden lang abschneiden und in die Woll-Nd fädeln. Alle M mit der Woll-Nd auffädeln, die Öffnung mit dem Arbeitsfaden zuziehen.

Fertigstellung

Die Anschl-M mit dem Arbeitsfaden und der Woll-Nd auffädeln, die Öffnung behutsam zusammenziehen (Reißfestigkeit des Garns beachten). Beide Enden des Haarbands aneinanderlegen und mit Woll-Nd und Faden zusammennähen. Den Faden vernähen, nicht abschneiden.

Die restliche Länge des Garns um die Naht winden, bis ein schöner optischer „Schleifenknoten" entsteht. Den Faden vernähen und abschneiden.

PFLEGE

Nach den Pflegehinweisen der Banderole waschen, feucht in Form ziehen und trocknen lassen.

VARIANTEN

Das Haarband soll fest und nicht zu locker um den Haaransatz sitzen, um sicher alle feinen Haare aus dem Gesicht zu halten. Die Anleitung ist auf eine enge Passform ausgerichtet, daher endet mein Haarband bei ca. 45 cm Länge. Im Zweifelsfall vor dem Abketten der Maschen eine Probe machen und das Haarband um den Kopf legen. Wenn sich die Anschlagskante und die Maschen auf den Nadeln mit leichtem Zug berühren, ist das Haarband fertig. Andernfalls die Länge anpassen, indem man einige Runden zusätzlich strickt.

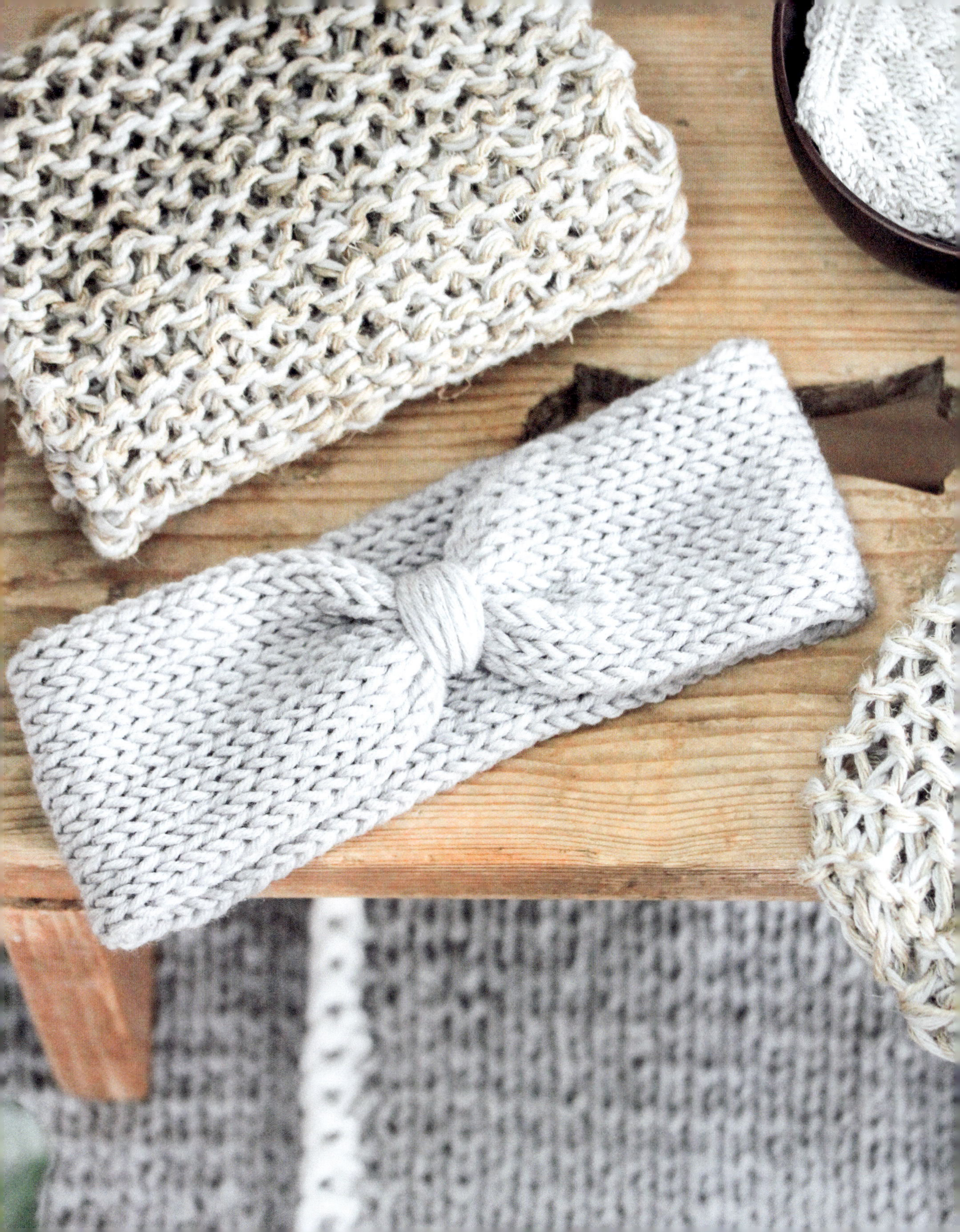

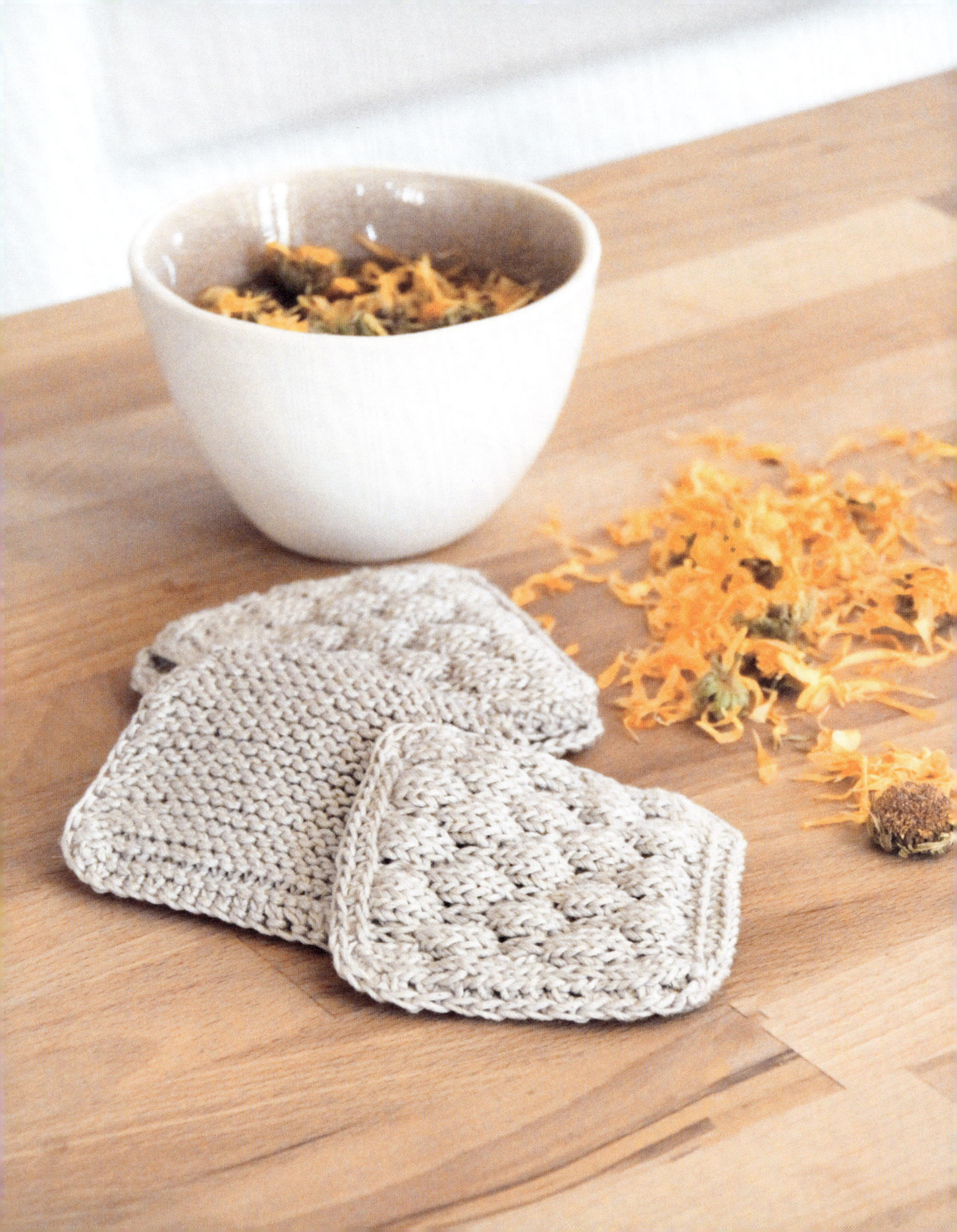

PFLEGE-PADS FÜR DAS HOME SPA

Skills: Anfänger mit Erfahrung

Die kleinen Pads aus reinem Leinen sind doppelt gestrickt, mit zwei unterschiedlichen Oberflächen. Die raue, kraus rechts gestrickte Seite eignet sich zum sanften Peeling der empfindlichen Gesichtshaut. Die glatt rechts strukturgestrickte Seite befreit in massierenden Bewegungen die Haut von Make-up und Alltagsstress. Ich verwende diese Pads auch unglaublich gerne als warme Kompressen, die ich in einen Sud aus Ringelblumen tauche und auf die Augen auflege.

GRÖSSE: CA. 8 X 8 CM

Material

- Lana Grossa Linea Pura Solo Lino (80 % Recycling-Leinen, 20 % Leinen, LL ca. 150 m/50 g) in Grège (Fb 002), 50 g

Nadeln

Nadeln 2,5 mm – hier gestrickt mit 2 Nadeln eines Nadelspiels
Häkelnadel 2,5 mm
Wollnadel

Grundmuster

Glatt rechts in Reihen: In Hinreihen alle Maschen rechts, in Rückreihen alle Maschen links stricken.
Kraus rechts in Reihen: In Hin- und Rückreihen alle Maschen rechts stricken.
Das Muster ergibt sich aus tiefergestochenen Maschen, die in jeder 6. Reihe versetzt gestrickt werden, d. h.: statt die aktuelle Masche zu stricken, mit der Nadel in die Masche vier Reihen unterhalb der aktuellen Masche einstechen, diese Masche stricken und die restlichen Maschen darüber einfach auftrennen lassen. Danach die nächsten 3 Maschen der aktuellen Reihe stricken. Das Strukturmuster zeigt sich nach der 12. Reihe.

Maschenprobe

Mit Nd 2,5 mm glatt rechts:
25 M x 36 R = 10 x 10 cm

ANLEITUNG

Struktur-Seite

19 M anschl.
1. R: Alle M links str.
2. R: Alle M rechts str.
3. R: Alle M links str.
4. R: Alle M rechts str.
5. R: Alle M links str.
6. R: 3 M rechts, * in die M 4 R tiefer einstechen und diese rechts abstr (die 3 M darüber einfach fallen lassen), 3 M rechts *. Von * bis * wdh bis zum R-Ende.
7.–11. R: Wie die 1.–5. R str.
12. R: 1 M rechts, * in die M 4 R tiefer einstechen und diese rechts abstr (die 3 M darüber einfach fallen lassen), 3 M rechts *. Von * bis * wdh bis zu den letzten 2 M der R. Dann in die M 4 R tiefer einstechen und diese rechts str (die 3 M darüber einfach fallen lassen), 1 M rechts.
13.–24. R: Wie die 1.–12. R str.
25.–30. R: Wie die 1.–6. R str.
31. R: Locker abk, die Fäden vernähen.

Peeling-Seite

19 M anschl.
1.–30. R: Kraus rechts str.
31. R: Locker abk, die Fäden vernähen.

Fertigstellung

Das kraus rechts gestrickte Teil auf die Arbeitsfläche legen und das glatt rechts strukturgestrickte Teil mit der rechten Seite nach oben darauflegen. Mit der Häkel-Nd beide Teile zusammen mit fM umhäkeln, dabei jeweils in die Rand-M des oberen und unteren Teils gleichzeitig einstechen. Den Faden vernähen.

PFLEGE

Mit einem milden Waschmittel bei 40 Grad in der Maschine waschen, in feuchtem Zustand sanft in Form ziehen und liegend trocknen lassen. Dann hat man sehr lange Freude an diesen Pflege-Pads.

Make-up-Reste oder Tee und Kräutersud können zu Verfärbungen führen. Sollte das stören, empfehle ich, dunkle Wolle zu verarbeiten.

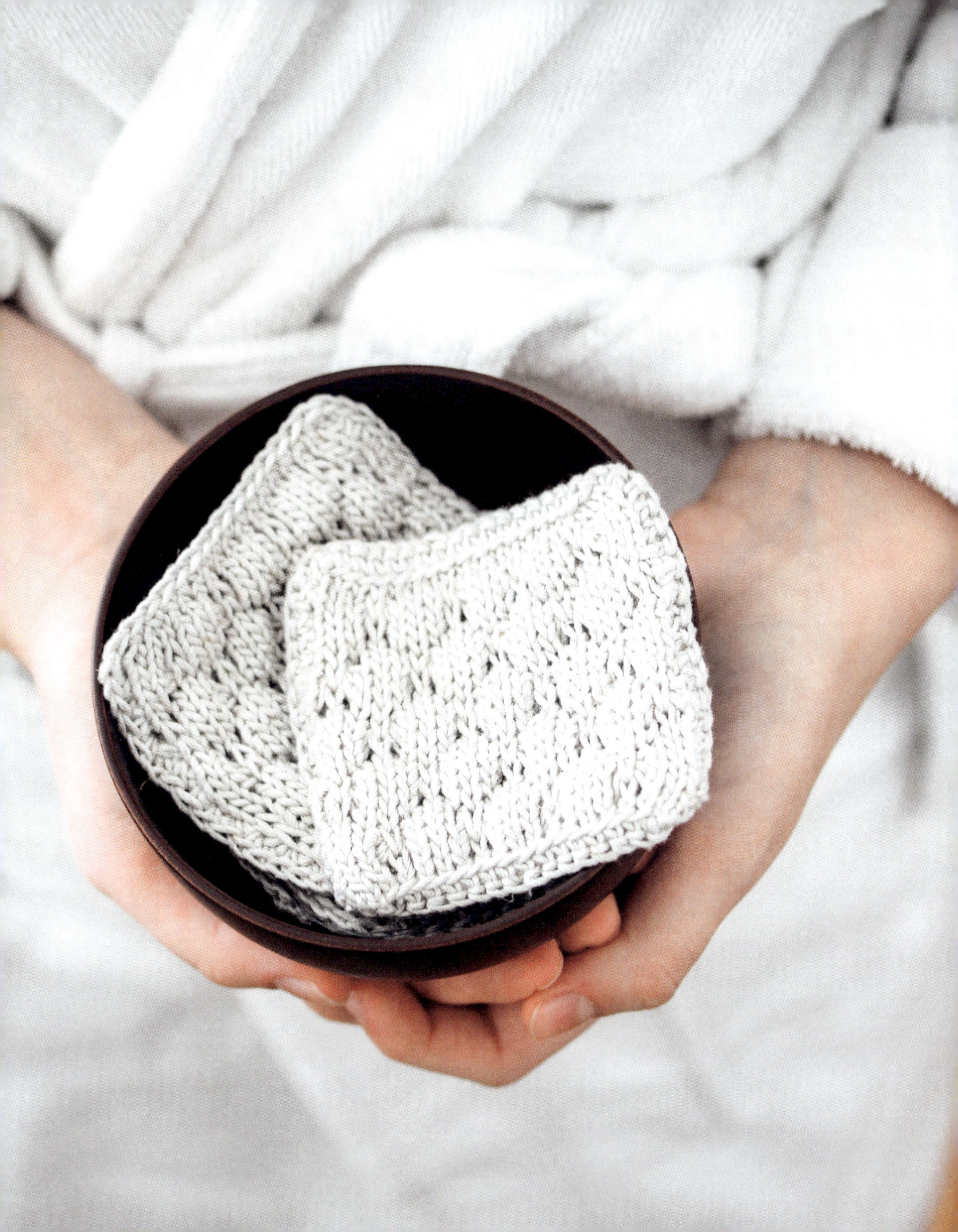

SCRUNCHIE

Skills: Anfänger, sehr leicht

Aus Garnresten lassen sich allerlei schöne kleine Dinge herstellen. Neben Coffee Cozys und Tassenuntersetzern gibt es jedoch auch eine weitere Möglichkeit, aus all den alten Wollresten schöne Dinge zu stricken. Aus Hosengummis kann man kleine Haargummis und charmante Scrunchies ganz schnell und einfach selbst machen.

GRÖSSE: DURCHMESSER CA. 12 CM

Material

- Garnreste, z. B. Lana Grossa Linea Pura Organico (100 % Bio-Baumwolle, LL ca. 90 m/50 g) in Ecru (Fb 006)
- Hosengummi ca. 1–1,5 cm breit, 22 cm lang

Nadeln

Rundstricknadel 4,0 mm | 40 cm lang
Wollnadel

Grundmuster

Glatt rechts in Runden: Alle Maschen rechts stricken.

Maschenprobe

Mit Nd 4,0 mm glatt rechts:
20 M und 28 R = 10 x 10 cm

ANLEITUNG

85 M anschl, zur Rd schließen.
1.–20. Rd: Glatt rechts str.
21. Rd: Locker abk, den Arbeitsfaden bei ca. 60 cm abschneiden.

Fertigstellung

Den Hosengummi auf 22 cm zuschneiden und die Enden aneinandernähen. Den Scrunchie auf links drehen (Innenseite), den Gummi einlegen und die M der Anschl- und Abk-Kante im Wechsel mit dem Arbeitsfaden auffädeln. Dabei die jeweils äußeren sichtbaren M der rechts gestrickten Seite (Außenseite) des Scrunchies locker auffassen und von unten nach oben arbeiten. Gelegentlich den Arbeitsfaden sanft anziehen, um Platz für den Gummi zu schaffen. Nicht zu fest anziehen, der Arbeitsfaden muss später noch einmal gelockert werden.

Sind alle M erfasst, den Scrunchie mitsamt dem Gummi auf maximale Länge dehnen und somit den Arbeitsfaden auf die maximale Länge des Gummis lockern. Ist das geschehen und die Naht auf die Flexibilität des Gummis angepasst, den Faden fest verknoten und vernähen.

PFLEGE

Gemäß Herstellerangaben waschen.

VARIANTEN

Statt glatt rechter Maschen sind zum Beispiel Rippenmuster oder kraus rechts gestrickte Maschen möglich.

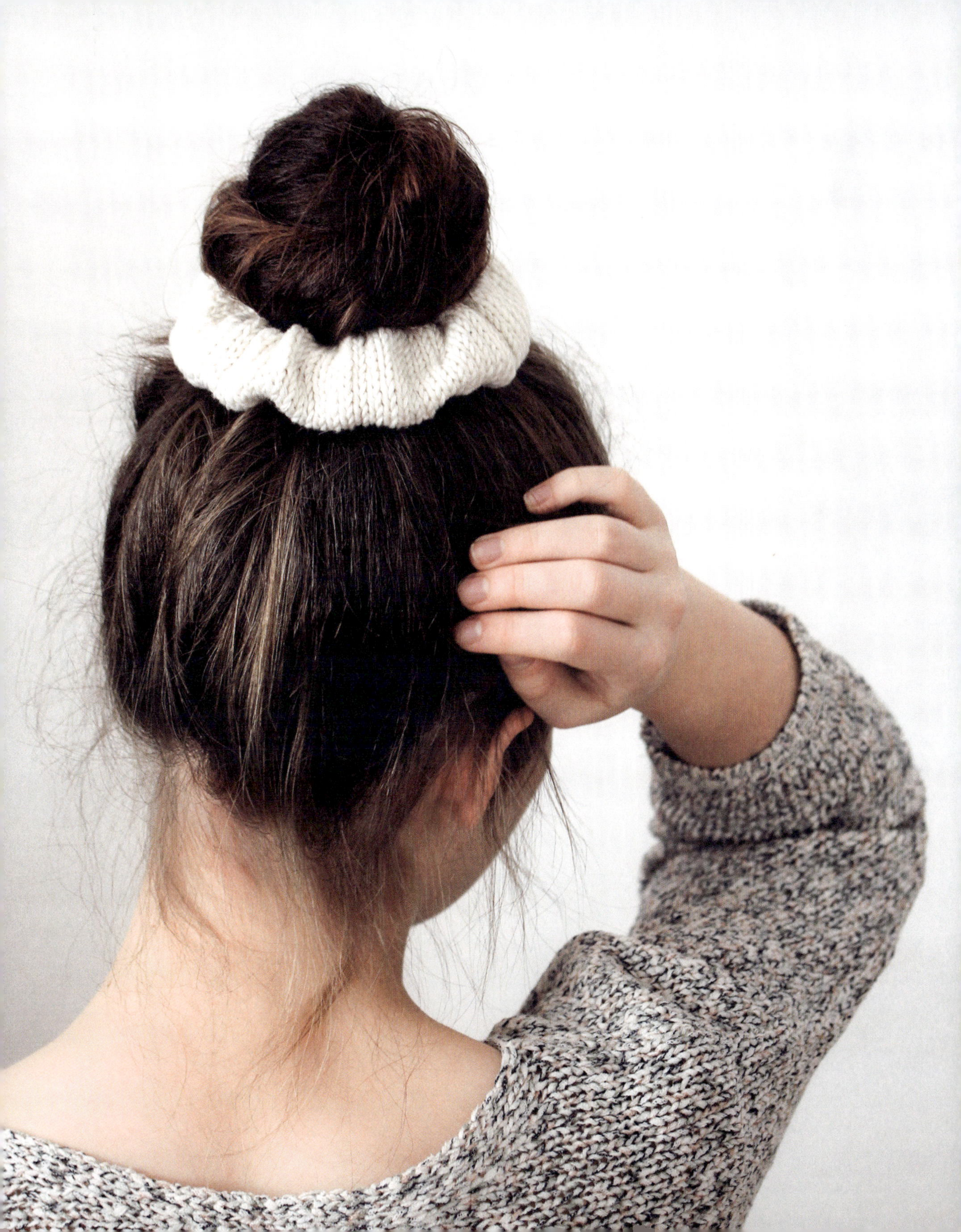

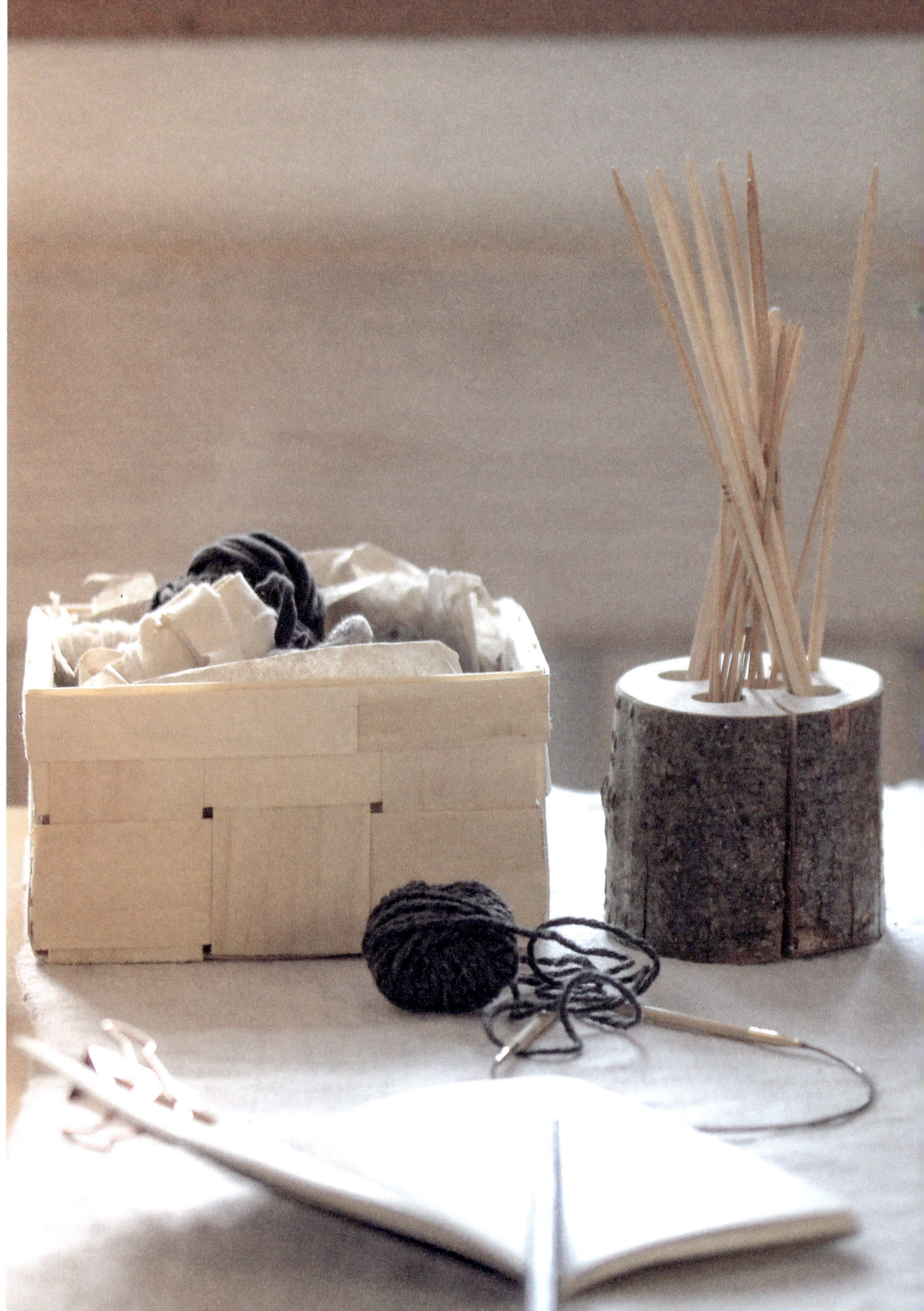

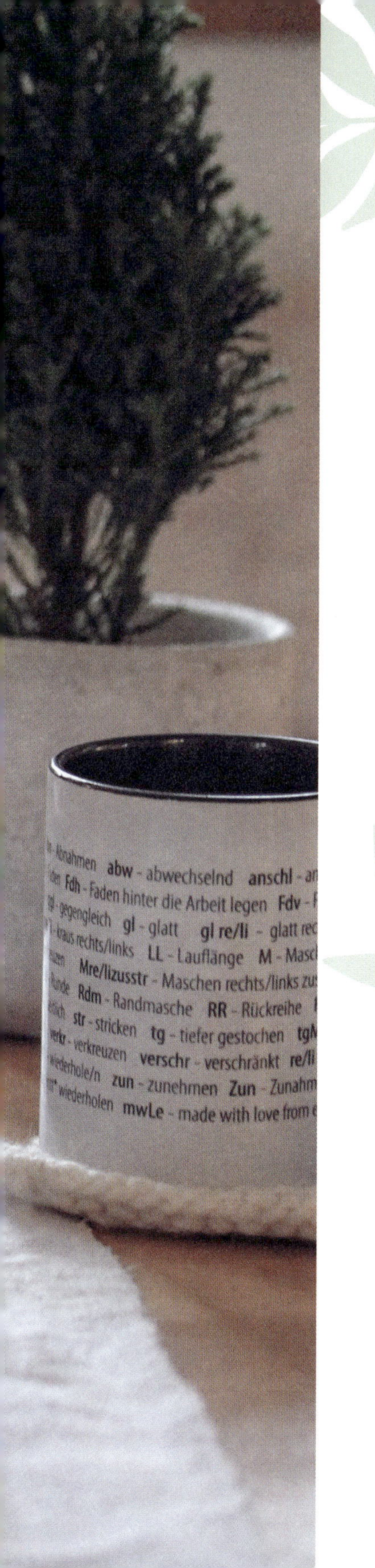
Abnahmen abw - abwechselnd anschl
Fdh - Faden hinter die Arbeit legen Fdv
gegengleich gl - glatt gl re/li
kraus rechts/links LL - Lauflänge M
Mre/lizusstr - Maschen rechts/links
Rdm - Randmasche RR - Rückreihe
str - stricken tg - tiefer gestochen
verkr - verkreuzen verschr - verschränkt re/li
wiederhole/n zun - zunehmen Zun
wiederholen mwLe - made with love from

WOHNZIMMER

EINLEITUNG

Im Wohnzimmer spielt sich das Familienleben ab. Hier wird gekuschelt, entspannt und Zeit miteinander verbracht.

Alte Bettbezüge, ausgemustert oder vom Flohmarkt, verwende ich immer wieder gern und gebe ihnen ein neues Leben. Ich nähte daraus Kleidungsstücke, Kissenbezüge, Quilts und riss für mein erstes Buch, *Zuhause selbst gemacht*, den Stoff in Streifen. Aus ihnen flocht ich einen Kinderzimmerteppich wie einst meine Oma. Für dieses Buch wickelte ich die Streifen zu Garnknäueln und strickte einen Tischläufer daraus. Sein rustikales Äußeres und die feine Melange, die sich aus dem gemusterten Stoff ergibt, zaubern besonders an kühlen verregneten Tagen eine gemütliche Atmosphäre (Seite 114).

Überhaupt ist der Wohnraum ein Ort der Gemütlichkeit und der Entspannung. Hier lesen wir, hören gemeinsam Hörbücher, spielen Brettspiele und nutzen stille Momente zur Meditation.

Meditation bedeutet „zur Mitte finden" im Sinn von „nachdenken, nachsinnen, überlegen" und ist eine spirituelle Übung, die in vielen Religionen und Kulturen angewandt wird, um den Geist zu beruhigen und zu sammeln. Angestrebt wird vor allem innere Ruhe: im Geist zurückzufinden ins Hier und Jetzt. Den Alltag mit seinen vielen Pflichten und Aufgaben bewusst zu entschleunigen und sich zu rebooten. Mein Mann und ich versuchen, möglichst täglich 10–15 Minuten zu meditieren und dabei die Gedanken zur Ruhe kommen zu lassen. Dabei helfen uns auch Meditationskissen. Wie diese gestrickt werden, liest du auf Seite 118.

„Meditation bringt uns in Berührung mit dem, was die Welt im Innersten zusammenhält."

Johann Wolfgang von Goethe

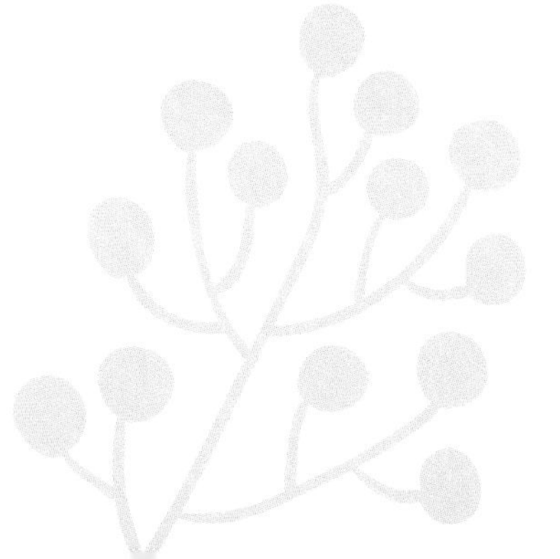

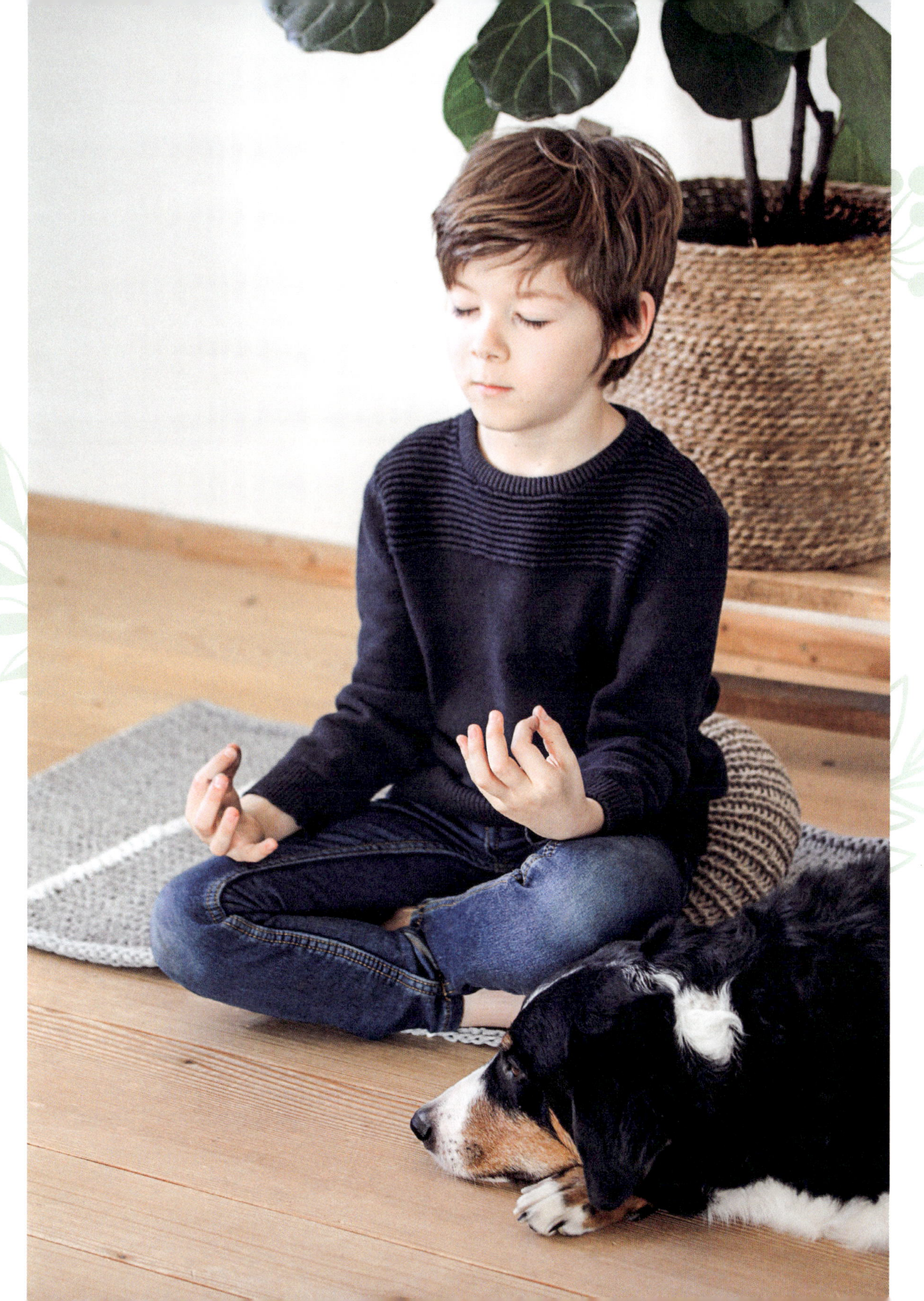

TISCHLÄUFER

Skills: Anfänger, sehr leicht

Für dieses Buch riss ich dieses Mal einfach den verbliebenen Rest eines Bettbezugs in Streifen und strickte daraus einen kleinen Tischläufer. Vor allem in der kalten Jahreszeit sorgt er durch sein rustikales Aussehen für so unendlich viel Behaglichkeit. Der Tischläufer wurde in der Breite angeschlagen und gestrickt, so weit das Garn reichte. Dadurch ergibt sich ein schönes längsgestreiftes Muster. Wichtig ist, immer schön locker zu stricken. Die Stoffstreifen sind nicht elastisch, wie Wolle es ist, und rutschen darum nicht ganz so leicht über die Nadel.

GRÖSSE: ABHÄNGIG VOM MATERIAL, IN DIESEM BEISPIEL: SMALL CA. 40 X 55 CM

Material

- Selbst gemachtes Baumwollgarn (siehe Seite 24, hier aus einem halben alten Bettdeckenbezug aus Webstoff) oder ähnliches Material, 100 % Baumwolle
- ggf. Label

Nadeln

Rundstricknadel 8,0 mm | 60 cm lang
Wollnadel

Grundmuster

Kraus rechts in Reihen: In Hin- und Rückreihen alle Maschen rechts stricken.

Maschenprobe

Mit Nd 8,0 mm kraus rechts:
8 M und 12 R = 10 x 10 cm

ANLEITUNG

45 M anschl und kraus rechts str bis zum Ende des Baumwollgarns oder bis das gewünschte Format erreicht ist. Locker abk.

Fertigstellung

Die Fäden vernähen, spannen, sanft dämpfen, ggf. das Label annähen.

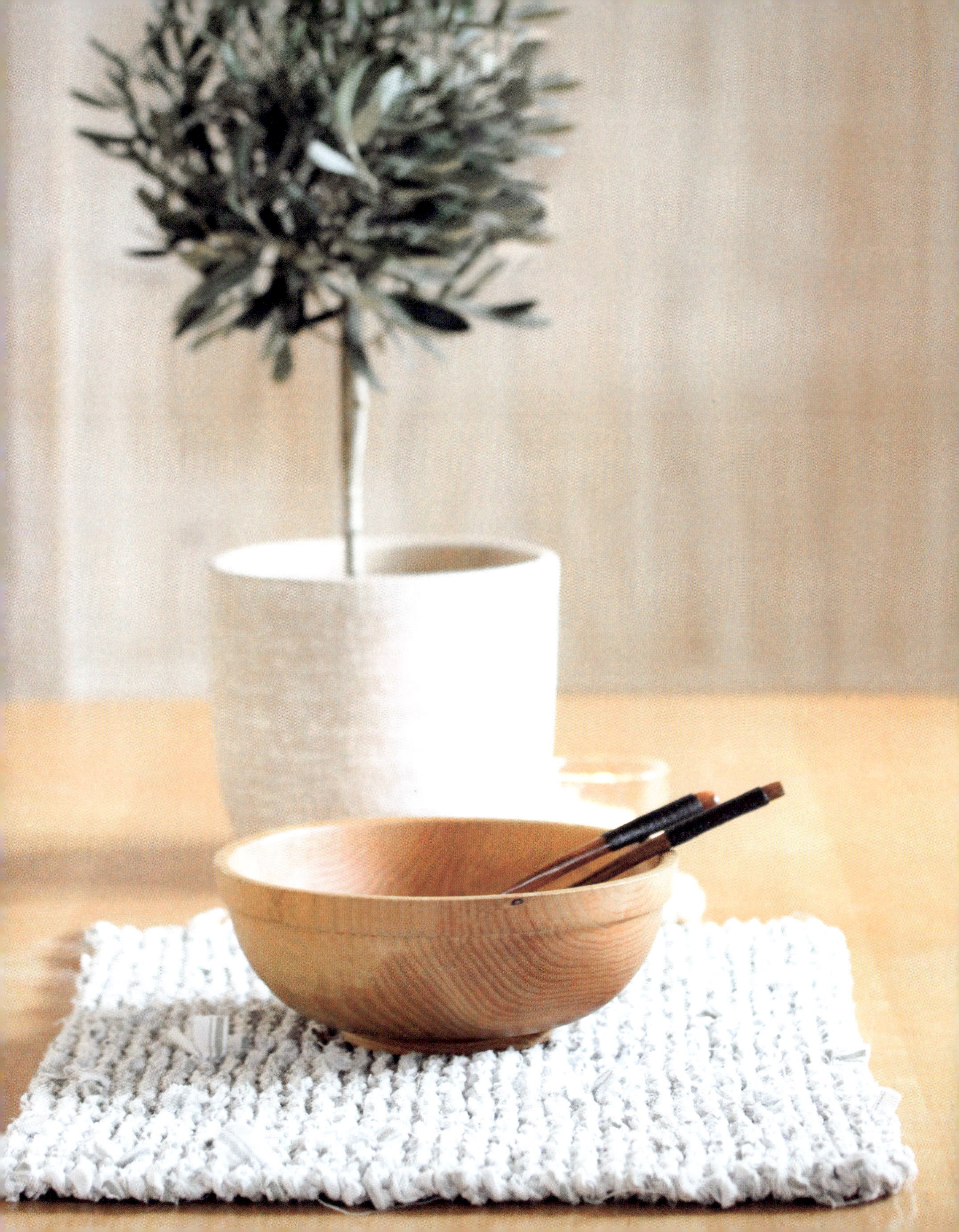

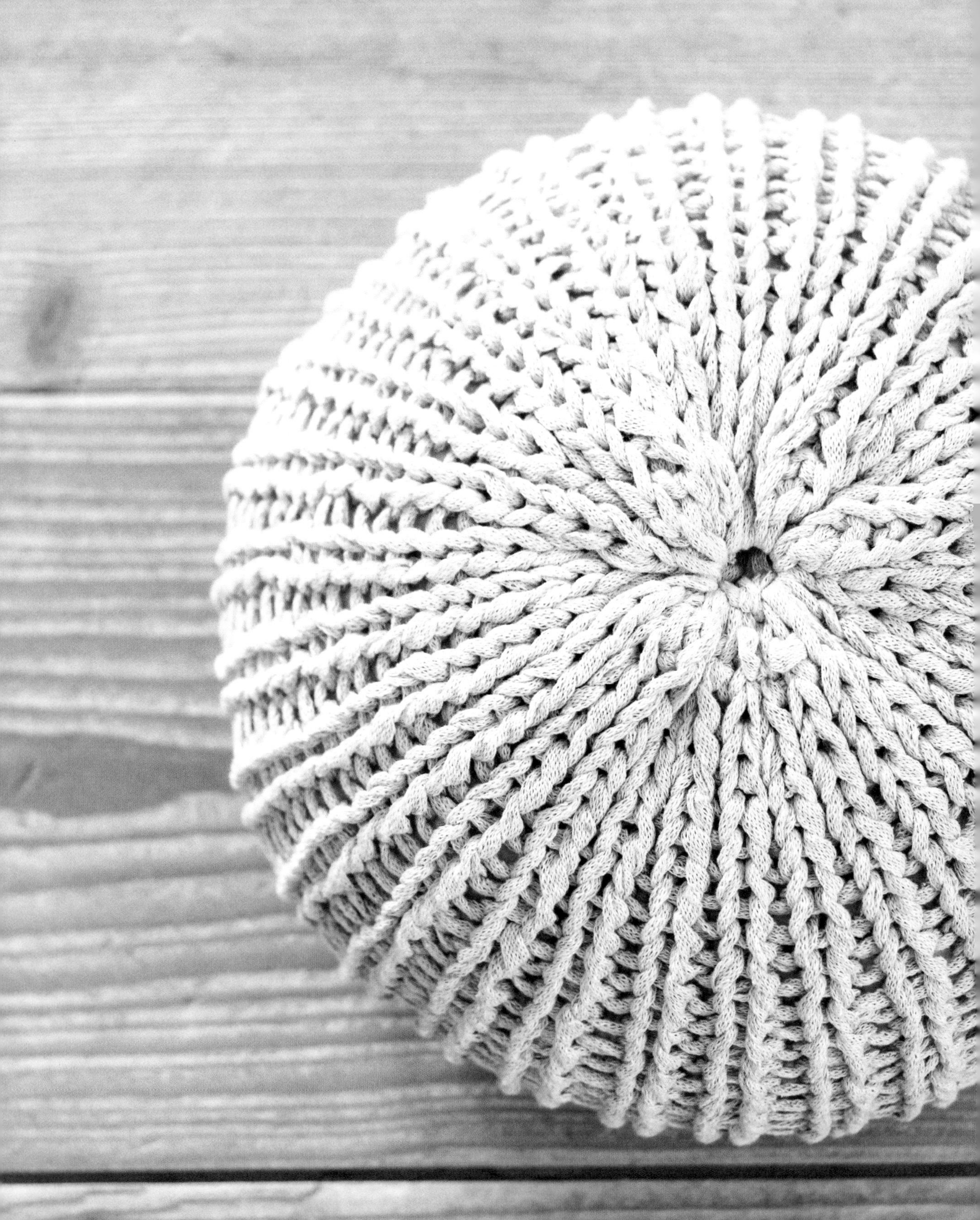

MEDITATIONSKISSEN

Skills: Anfänger

Unsere kleinen Kissen helfen meiner Familie und mir, während der Meditation eine angenehme Sitzposition einzunehmen, Becken und Wirbelsäule zu entlasten und leichter zu entspannen.

GRÖSSE: DURCHMESSER CA. 30 CM

Material

- We Are Knitters The Tape (100 % Recycling-Baumwolle, LL ca. 120 m/250 g) in Beige oder selbst gemachtes T-Shirt-Garn (siehe Seite 22), 150 g
- Kisseninlet Dinkelspelz 30 cm Durchmesser
- alternativ Stoffreste, alte Handtücher, T-Shirts etc. als Füllung

Nadeln

Rundstricknadel 8,0 mm | 60 cm lang
Wollnadel

Grundmuster

Rippenmuster in Runden: 1 Masche rechts, 1 Masche links im Wechsel stricken.

Maschenprobe

Mit Nd 8,0 mm im Rippenmuster:
10 M und 15 R = 10 x 10 cm

ANLEITUNG

60 M anschl, zur Rd schließen.

1.–40. Rd bzw. bis zur Höhe von 26 cm: Im Rippenmuster str (1 M rechts, 1 M links im Wechsel).

Letzte Rd: Alle M mit der Woll-Nd auffädeln, die Öffnung mit dem Arbeitsfaden zuziehen, den Faden vernähen und abschneiden.

Fertigstellung

Ein neues Garnstück mit ca. 50 cm Länge zuschneiden. Die M der Anschl-Rd mit diesem Arbeitsfaden und der Woll-Nd auffädeln, an beiden Seiten sollte ein Stück lose heraushängen. Die Öffnung behutsam zusammenziehen (ggf. Reißfestigkeit des Garns beachten), jedoch noch nicht ganz schließen.

Das Kisseninlet oder die Füllung einlegen und die Öffnung zusammenziehen. Den Faden zur Schleife binden und so die Kissenhülle schließen.

PFLEGE

Die Schleife lösen, die Hülle öffnen, die Füllung herausnehmen und nach Herstellerangabe behandeln. Sollten Stoffreste verwendet worden sein, diese wie gewohnt waschen. Lose Stoffreste in einem Baumwollsäckchen oder Kopfkissenbezug waschen. Wer mag, kann ein Inlet für die Stoffreste mit der Nähmaschine anfertigen.

Für die Hülle die Herstellerhinweise des Garns zur Wäsche beachten, die Kissenhülle feucht in Form ziehen und trocknen lassen.

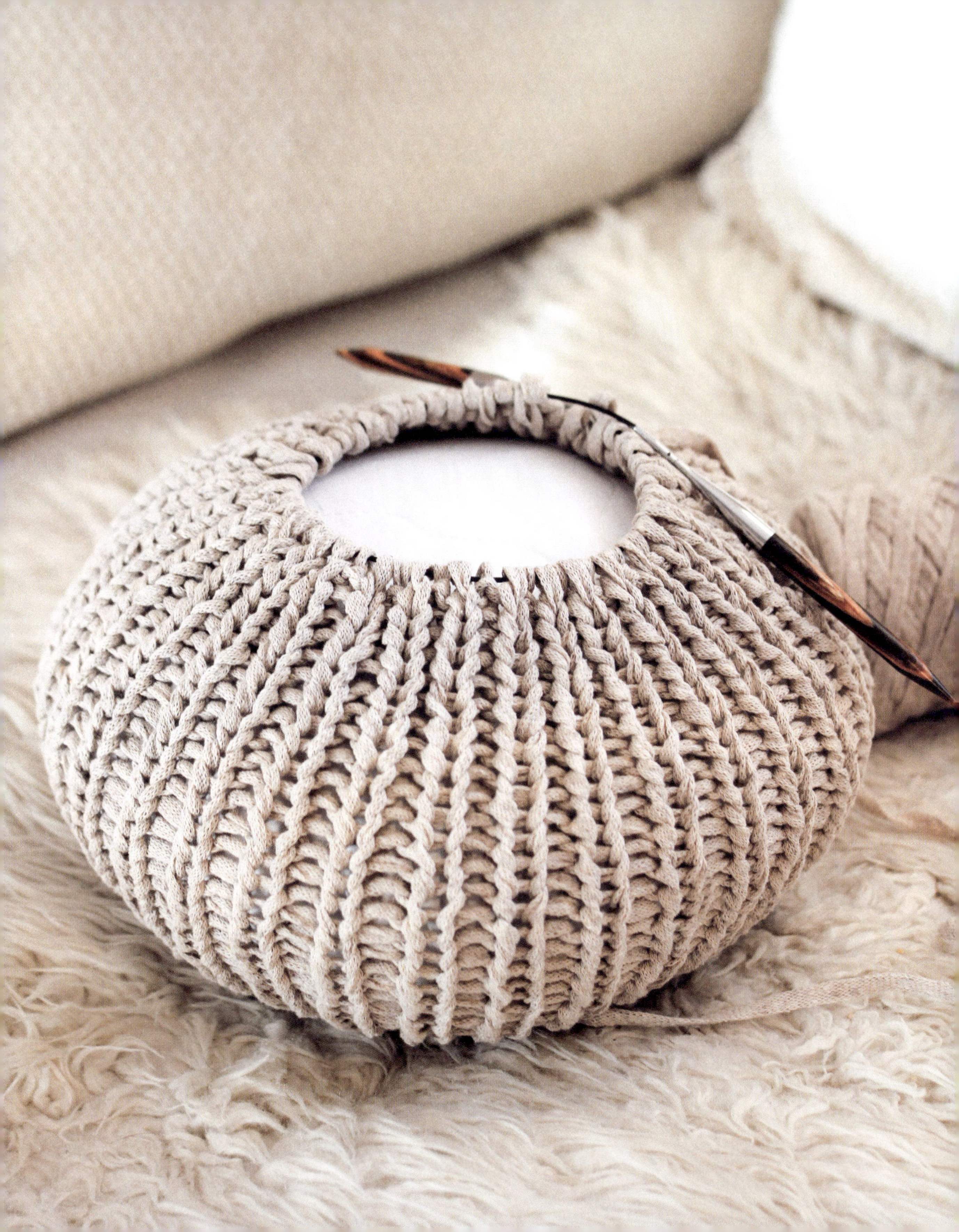

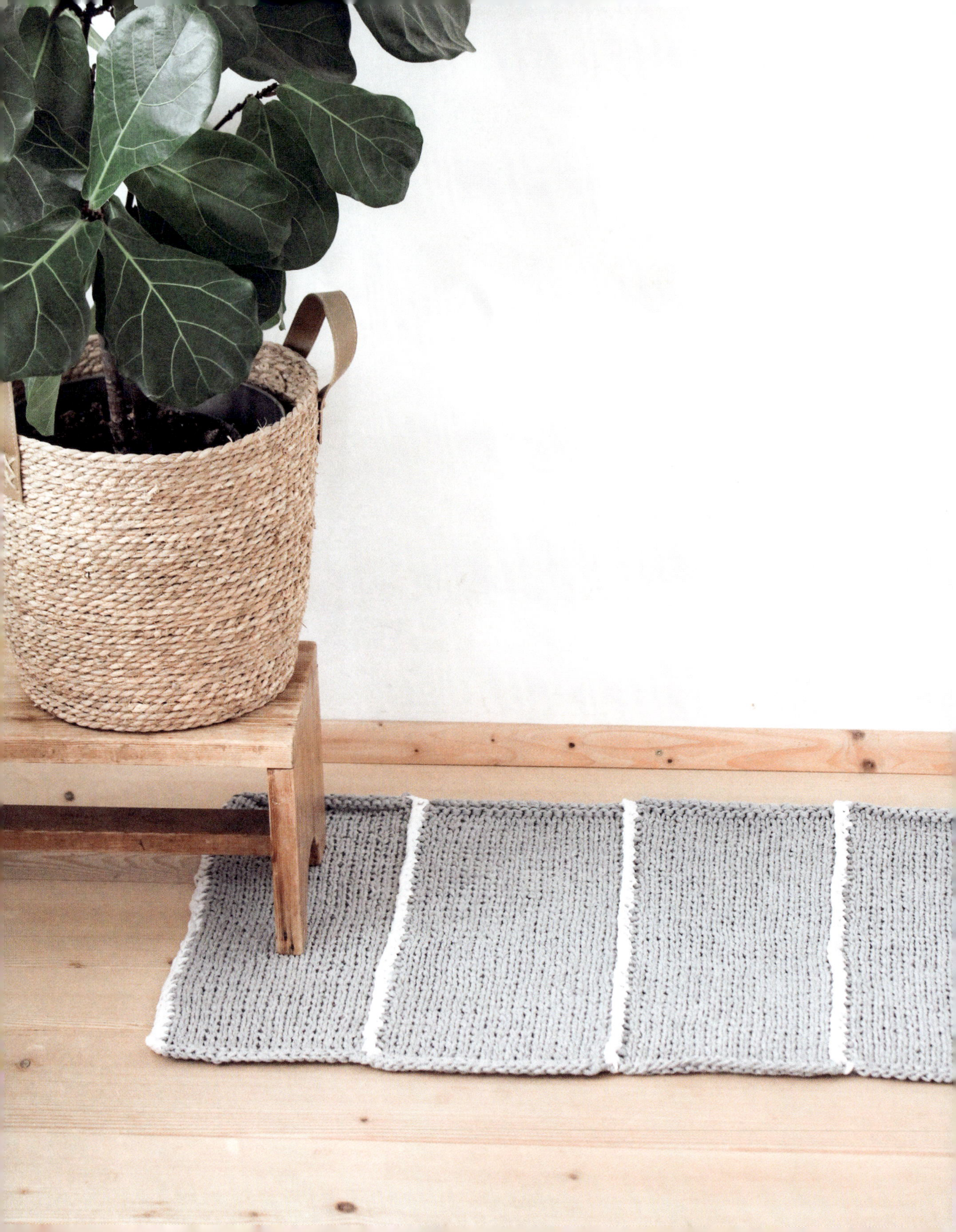

PATCHWORK-TEPPICH

Skills: Anfänger

Dieser Teppich ist eines meiner Lieblingsstücke in diesem Buch, da er so unglaublich variabel ist und sich aus nahezu allen Materialien stricken lässt. In diesem Beispiel misst ein Streifen des Patchwork-Teppichs ca. 55 x 20 cm und wurde ausschließlich aus einer Garnsorte, The Tape, gestrickt. Dieses Garn wird laut Angabe von We Are Knitters aus Resten der T-Shirt-Produktion hergestellt. Ich habe es in diesem Buch aufgrund seiner robusten Eigenschaften sehr gerne für vielerlei Projekte verwendet. Der Teppich eignet sich genauso gut, um selbst hergestelltes T-Shirt-Garn oder Garn aus Baumwollstoffstreifen zu verarbeiten. Die Teile müssen nicht zwingend alle dieselbe Länge haben, es können auch sehr schöne Muster aus unterschiedlich langen und breiten Streifen gelegt werden, da nicht jedes selbst hergestellte Garn dieselbe Länge hat. Hierfür einfach die Strickstücke in ihren unterschiedlichen Breiten und Längen stricken oder abwechselnd die verschiedenen Garne zu Streifen einarbeiten. Bei unterschiedlichen Längen der Strickstücke sollen immer zwei oder drei zusammen 55 cm ergeben.
Die Variationsmöglichkeiten sind geradezu unendlich.

GRÖSSE: CA. 110 X 55 CM

Material

- We Are Knitters The Tape (100 % Bio-Baumwolle, LL ca. 120 m/250 g) in Grau oder selbst gemachtes T-Shirt-Garn (siehe Seite 22), 750 g
- Garnrest in Weiß

Nadeln

Rundstricknadel 8,0 mm | 60 cm lang
Häkelnadel 8,0 mm
Wollnadel

Grundmuster

Glatt rechts in Reihen: In Hinreihen alle Maschen rechts stricken, in Rückreihen alle Maschen links stricken.
Kraus rechts in Reihen: In Hin- und Rückreihen alle Maschen rechts stricken.

Maschenprobe

Mit Nd 8,0 mm glatt rechts:
10 M und 15 R = 10 x 10 cm

ANLEITUNG FÜR EINEN STREIFEN VON CA. 20 X 55 CM

20 M anschl.

1.–2. R: Kraus rechts str.

3.–80. R bzw. bis 53 cm Höhe: Glatt rechts str.

81.–83. R bzw. bis 55 cm Höhe: Kraus rechts str.

Letzte R: Alle M locker abk, die Fäden vernähen.

Fertigstellung

Für den in diesem Beispiel gezeigten Teppich vier weitere Streifen, wie oben angegeben, str.

Danach alle Teile spannen, anfeuchten und trocknen lassen. Die Streifen mit ihren Längsseiten aneinanderlegen (Abb. 1) und mittels Häkelnadel und Kontrastgarn an den Kanten mit fM zusammenhäkeln (Abb. 2). Es entsteht eine erhabene Naht, die zusätzlich Struktur schafft.

Alternativ können die Teile auch im Maschenstich mittels Woll-Nd aneinandergenäht werden.

PFLEGE

Herstellerhinweise zur Wäsche beachten, feucht in Form ziehen und trocknen lassen.

VARIANTEN

Nach der in dieser Anleitung gezeigten Strickweise zur Garnverwendung lassen sich anstelle von Teppichen auch Patchwork-Decken oder ganze Plaids zusammensetzen.

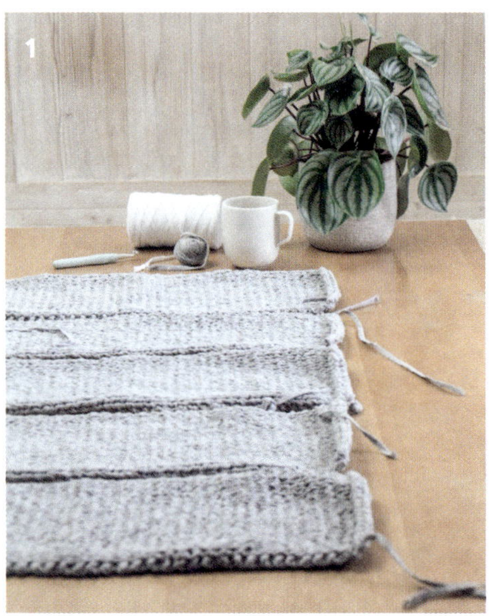
1

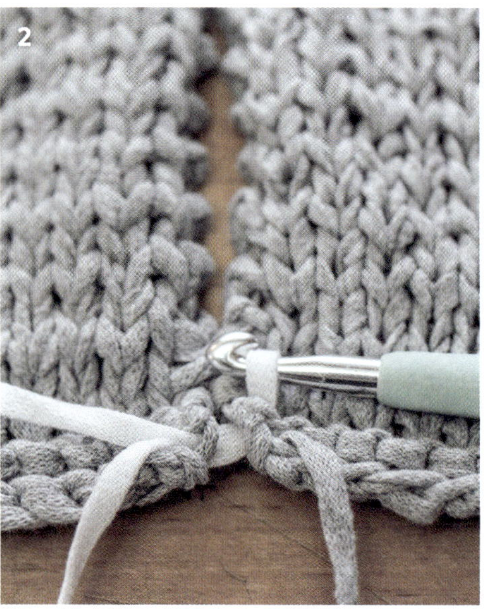
2

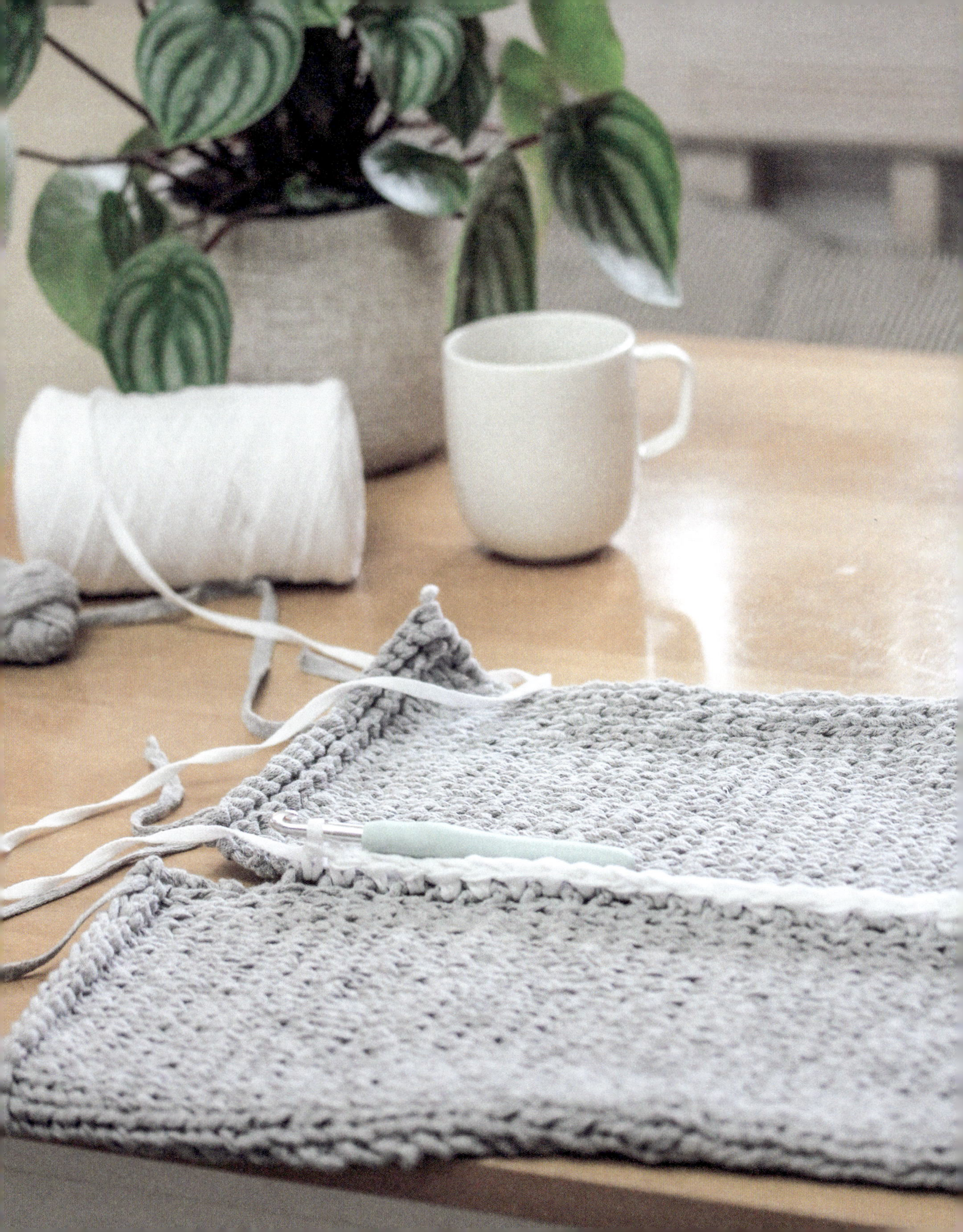

ÜBER DIE AUTORIN

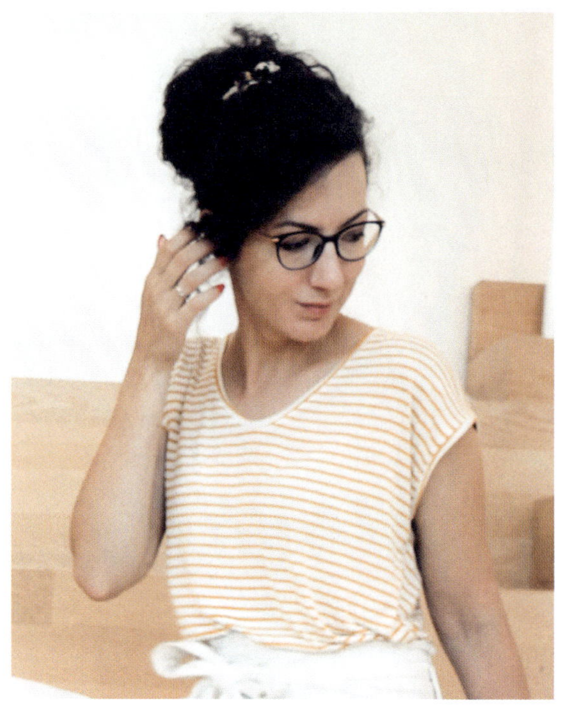

Epipa, so auch der Name des gleichnamigen Blogs **www.epipa.de**, lebt gemeinsam mit ihrem Mann, drei Kindern, zwei Katzen, einem Hund und einer Schar Hühner in ihrem Haus auf dem Land. Sie liebt einfach alles, was man selber machen kann, und teilt diese Leidenschaft mit ihren Lesern seit über 10 Jahren auf ihrem Blog, Ravelry, Etsy und Instagram @_epipa_. Ihre bereits erschienenen Titel „Zuhause selbst gemacht", „Wintertraum & Strickzauber" und „Häkeltraum & Winterzauber" avancierten sofort zu heißgeliebten Klassikern.

DANKSAGUNG

Ich danke von ganzem Herzen allen, die mich auch bei meinem vierten Buch unterstützt haben.

Meiner Familie für die Geduld, wenn es mal knapp wurde und eine Deadline einzuhalten war, und für eure Unterstützung in den vielen Monaten, in denen ich völlig versunken in meinem Büro am Manuskript gearbeitet habe. Danke, dass ihr alle meine Einfälle und Experimente zu jedwedem Thema bedingungslos und begeistert mit mir zusammen in die Tat umsetzt. Ich liebe eure aufgeschlossene Art, euren Input und euer Interesse an neuen Ideen – und ganz besonders eure Fähigkeit, querzudenken und neue Wege zu gehen. Es macht einfach Spaß mit euch!

Meinem Mann – danke für die Unterstützung, dafür, dass du mir den Rücken freigehalten hast und im Hintergrund die wichtigen Dinge erledigt hast, damit ich arbeiten kann. Danke, dass du für uns dieses wunderschöne Zuhause geschaffen hast und bereits vor

20 Jahren eine alternative, möglichst autarke und nachhaltige Bauweise verwendet hast, von der wir heute profitieren. Als Team sind wir unschlagbar.

Meinem Ältesten – ich danke dir für deine Hilfe bei den Shootings, ich liebe deinen Blick für Motiv und Perspektive. Ich freu mich, mit dir meine Begeisterung für Fotografie teilen zu können, und ich liebe es, mit dir zu fachsimpeln. Auch wenn wir fotografisch aus zwei verschiedenen Themenwelten kommen, finden wir immer wieder gemeinsame Schnittstellen und können unglaubliche Synergieeffekte erzielen.

Meiner Tochter – ich danke dir, dass du wieder einmal so geduldig für das nun vierte Buch für mich Modell gestanden hast, du alter Hase. Ich genieße es immer, mit dir zu shooten. Du hast die herrliche Gabe, Bilder unkompliziert und unaufgeregt entstehen zu lassen, und bringst Leichtigkeit in jedes Foto. Ich liebe deinen Charme und deinen Humor und freu mich sehr darauf, unsere nächsten Projekte zu starten.

Meinem Jüngsten – ich danke dir für deine Art, mich die Dinge aus einer anderen Perspektive sehen zu lassen. Du wirbelst unsere Welt durcheinander und das ist erfrischend. Du bist der coolste kleine Kerl, den ich kenne, und ich liebe es, mit dir zusammen Blödsinn zu machen. Danke für jeden neuen Blickwinkel, den du mir bescherst.

Ich danke **meinen Eltern und Großeltern**, dass sie mir schon Achtung vor dem Leben, der Natur und ihren Ressourcen mitgegeben haben, als der Begriff Nachhaltigkeit noch lange nicht in Mode war. Ich danke euch, denn eure Werte sind es, die ich lebe und an meine Kinder weitergebe. Danke für eure Liebe und Unterstützung.

Danke **meiner Schwiegermutter**, dass du auch beim vierten Buch der Rettungsanker und in heißen Phasen Enkeltaxi warst, dass du gekocht, gebügelt und gesittet hast. Ohne dich würde es manchmal ganz schön knapp werden.

Ein riesiges Dankeschön an **unsere Freunde**, die auch dieses Mal wieder monatelang auf mich verzichten mussten, weil ich mich wieder mal völlig in meinem Arbeitszimmer eingegraben hatte. Ich freu mich, dass ihr immer da seid – und mich hin und wieder mal ausgrabt.

Last, but not least danke ich **meiner immer treuen Community**, die epipa schon so lange begleitet. Danke für euer immerwährendes Feedback, das mich unterstützt und motiviert und immer weiter pusht. Danke für eure Treue und Begeisterung. Es macht großen Spaß, für euch zu schreiben. Ihr seid die Besten, ihr inspiriert mich.

Vielen Dank auch an **Lana Grossa** und **We are Knitters**, die mir für dieses Buch meine Lieblingsgarne zur Verfügung gestellt haben, die ich seit mehr als 15 Jahren immer wieder in meinen Projekten verwende.

Ein ganz herzliches Dankeschön auch an **Carmen Düll von Namensbänder.de**, die meine Arbeit an diesem Buch mit den tollen Labels aus veganem SnapPap-Leder unterstützt hat, die vielen Projekten das gewisse Etwas geben.

BEZUGSQUELLEN

Namensbaender.de

Lieferant der im Buch gezeigten SnapPap-Labels, veganes Leder, hergestellt aus Zellulose und Latex. SnapPap wird in Deutschland hergestellt. Laut Hersteller ist es umweltverträglich und wird aus nachhaltig bewirtschafteten Wäldern gewonnen. Die Firma namensbänder.de bedruckt SnapPap-Labels mit individuellen Texten oder deinem eigenen Logo.

Lana-Grossa.de

Hersteller der in diesem Buch verwendeten Linie Organico und Solo Lino. Organico wird aus zertifizierter Bio-Baumwolle hergestellt, Solo Lino enthält zu 80 Prozent recyceltes Leinen.

Weareknitters.de

Hersteller des in diesem Buch verwendeten Garns The Tape, ein Garn das aus recycelter Baumwolle besteht.

Finkhof.de

Die Schäfereigenossenschaft Finkhof bietet nachhaltig gefärbte Wolle kbT von deutschen Schafen und Bezugsadressen von deutschen Schäfereien, die sich den Themen Schurwolle aus kontrolliert biologischer Tierhaltung, Umweltschutz und Tierwohl verschrieben haben.

Bioland.de

Bietet einen Einkaufsratgeber zu Wolle und Wollprodukten aus Deutschland sowie Bezugsadressen.

Schmusewolle.de

Versandhandel von Färbegarnen und Färbemitteln. Schmusewolle legt laut Firmenphilosphie Wert auf eine liebevolle Aufzucht, tierfreundliche Schur und garantiert Wolle, die 100 Prozent Mulesing-frei ist.

Myboshi.net

Fertige Färbekits, einzeln oder als Kreativset mit sechs Farbdosen und Wunschwolle.

SPENDEN

Organisationen wie z. B. Kinderhospiz-, Frühchen- und Sternenkinder-Vereine nehmen manchmal gerne Sach- und Produktspenden entgegen, um Freude zu schenken oder Trauer und Leid zu lindern. Im Internet gibt es zahllose Adressen, die ihr ganz einfach recherchieren könnt.

Begriffe wie „stricken für Frühchen", „stricken für Sternenkinder", „stricken für Obdachlose" oder „stricken spenden" führen zu zahlreichen Adressen, die eure Strickspenden gerne annehmen oder gemeinsame Kreativtreffen organisieren.

Nachfolgend einige Beispiele. Diese sind willkürlich herausgepickt und haben damit keinerlei Vorrangstellung oder Wertung gegenüber nicht genannten anderen Vereinen und Organisationen, auch ist epipa nicht verantwortlich für deren Inhalt.

Da dies sehr sensible Themen sind, können sie nur als Wegweiser dienen.

Verein Sternenzauber und Frühchenwunder e.V.
(www.sternenzauber-fruechenwunder.de)

Verein Herzenssache
(www.herzenssache-nfsuf.de)

Verein Pusteblume in Österreich
(www.verein-pusteblume.at)

Wooligans.net

Die Wooligans freuen sich über Wolle, Socken, Mützen und Schals, die sie ganzjährig an Obdachlose weitergeben. Auf ihrer Website schreiben sie unter der Rubrik „Bedarf" regelmäßig, was gerade gebraucht wird.

IMPRESSUM

Bibliografische Information der Deutschen Bibliothek.

Die Deutsche Bibliothek verzeichnet diese Publikation in der Deutschen Nationalbibliografie.
Detaillierte bibliografische Daten sind im Internet über http://www.dnb.de/ abrufbar.

EIN BUCH DER EDITION MICHAEL FISCHER

1. Auflage 2020

Covergestaltung: Anna-Maria Köperl
Projektmanagement: Anja Sommerfeld, Saskia Reusch
Lektorat: Ute Wielandt
Layout: Luca Feigs
Satz: Yvonne Witzan
Fotos: © Sascia Strohhammer (alle, mit Ausnahme der Folgenden); © Lana Grossa (S. 16), © Pascuali (S. 16), © Rico Design (S. 18), © We Are Knitters (S. 18, 19), © ggh Garn (S. 19), © Lieblingsfarben @myboshi (S. 27)
Grafiken: © Barisikina/Shutterstock (Blätter), © Strejman (Pflegesymbole), © Global Organic Textile Standards (S. 21), © OEKO-TEX® (S. 21), © ICEA certifica (S. 21)

ISBN 978-3-96093-589-6

Gedruckt bei Polygraf Print, Čapajevova 44, 08001 Prešov, Slowakei

www.emf-verlag.de

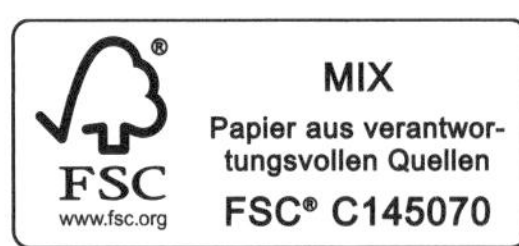